PATOIS
DE LA SAINTONGE

CURIOSITÉS ÉTYMOLOGIQUES

ET GRAMMATICALES

PAR

M. A. BOUCHERIE

AGRÉGÉ DE GRAMMAIRE
PROFESSEUR DE CINQUIEME AU LYCÉE DE MONTPELLIER

ANGOULÊME
IMPRIMERIE CHARENTAISE DE A. NADAUD ET Cie
REMPART DESAIX, N° 26

M DCCC LXV

PATOIS
DE LA SAINTONGE

21813

TIRAGE A 100 EXEMPLAIRES

Extrait du *Bulletin de la Société archéologique et historique de la Charente*, année 1863.

PATOIS
DE LA SAINTONGE

CURIOSITÉS ÉTYMOLOGIQUES

ET GRAMMATICALES

PAR

M. A. BOUCHERIE

Agrégé de Grammaire
Professeur de cinquième au Lycée de Montpellier

ANGOULÊME

IMPRIMERIE CHARENTAISE DE A. NADAUD ET Cie
REMPART DESAIX, N° 26

M DCCC LXV
1865

INTRODUCTION

Plus d'une fois, en écoutant les habitants de nos campagnes, j'avais remarqué bon nombre de mots latins usités chez eux et rejetés de la langue académique. J'ai recueilli tous ceux qui m'avaient frappé : malheureusement je n'ai pu en recueillir autant que j'aurais voulu. Pour cela il faudrait vivre continuellement à la campagne.

Mon travail n'a donc pu être complet.

C'est, à proprement parler, un recueil de curiosités de l'étymologie saintongeaise analogue, mais en petit, à celui qu'a publié récemment M. Charles Nisard.

En étudiant ainsi notre parler saintongeais, qui certes vaut la peine d'être étudié, j'ai vu, et cela saute aux yeux d'abord, qu'il appartient à la grande famille des patois du centre-ouest, si consciencieusement et si bien reproduits dans le Glossaire du comte Jaubert. Mais il en diffère en ce qu'il a mieux conservé la forme latine (1); il en diffère aussi par certaines particularités de prononciation, le *j* aspiré, par exemple; il en diffère surtout par l'emploi plus savant, j'insiste sur ce mot, plus complet et plus régulier du pronom neutre ou abstrait *ou, o*. Le seul patois de la langue d'oïl qui ressemble exactement au nôtre sous ce rapport est le patois poitevin. Mais pour tout le reste, et principalement pour la prononciation (2), ce même patois diffère du nôtre beaucoup plus que le patois du Berry.

A la langue d'oc le saintongeais a emprunté les quelques mots qui ne lui sont pas communs avec le parler du Berry, mais il leur a toujours fait perdre leurs désinences méridionales (3).

Somme toute, le saintongeais, comme les autres patois du centre-ouest, est une relique de la langue d'oïl; c'est du vieux français prononcé comme il y a six ou sept cents ans. Il est d'autant plus intéressant à étudier sous cet aspect, qu'il est le dernier représentant de la langue d'oïl dans cette partie de la France, et que la province où il est parlé forme

---

(1) Ainsi, par exemple, le Berry dit *pommeroge, rouinger*, et nous *promeloge* (primus locus), *ringer* (ringi).

(2) 1° Différences grammaticales : *i* pour *je; gle* mouillé pour *il*.
2° Différences de prononciation : *oa, a*, là où nous prononçons *oué, é;* ainsi *precas* (pourquoi), en Saintonge *prequoué*.

Ea, a, là où nous mettons *eau, aud;* ainsi *Michea*, Michaud.

On, là où nous prononçons *an, en;* ainsi *quond, dons, bionche, onfant*, etc., pour quand, dans, etc.

(3) Voir *Angrocize, Dail*.

comme une presqu'île entourée à l'ouest par la mer, au sud et à l'est par le Bordelais, le Périgord et le Limousin, presqu'île étroite qui ne se rattache à la langue mère que par le Poitou; ajoutez à cela qu'il n'est séparé des patois voisins par aucune barrière naturelle. Ne semble-t-il pas dès lors que notre patois, serré de si près et comme bloqué par la langue d'oc, aurait dû s'altérer profondément et former entre elle et la langue d'oïl une transition semblable à celle que représente le climat de la Saintonge entre les froids du Nord et les chaleurs du Midi? Il n'en est rien pourtant. Si la langue d'oc peut revendiquer quelques mots que nous lui avons empruntés, c'est tout. Là s'est arrêtée son influence. Elle n'a eu d'action ni sur l'ensemble de notre patois, ni surtout sur notre prononciation.

Ce recueil se divise en deux parties.

Dans la première, qui est la plus considérable, je me suis occupé spécialement d'étymologies saintongeaises, et j'ai rapproché les expressions particulières à notre patois des expressions semblables ou analogues du vieux français. J'aurais bien pu en allonger la liste, mais je n'aurais fait que répéter ce que M. Jaubert ou M. Beauchet-Filleau avaient dit avant moi, en traitant des patois du Berry et du Poitou, et d'ailleurs je n'ai nullement la prétention de faire un glossaire.

Dans la seconde partie je traite de quelques points très curieux de grammaire patoise. Je crois avoir donné enfin la solution d'un certain problème philologique *(je* pour *nous)* jusque-là ou dédaigné ou mal compris.

J'ai consulté surtout le Glossaire berrichon du comte Jaubert, le Glossaire du Languedoc de l'abbé de Sauvages et le Glossaire poitevin de M. Beauchet-Filleau.

La Grammaire de la langue d'oïl de M. Burguy et le glossaire dont il l'a fait suivre m'ont été singulièrement utiles.

Je dois une mention particulière aux opuscules de M. Burgaud des Marets, où sont si bien rendus le langage et le tour d'esprit de nos paysans.

En finissant, je dois aussi remercier M. Eusèbe Castaigne, bibliothécaire de la ville d'Angoulême, de l'empressement qu'il a mis à m'indiquer et à me prêter les livres dont j'avais besoin; je remercie également pour le même motif mon collègue M. Carissan, et spécialement M. Gustave de Rencogne, archiviste de la Charente, qui n'a cessé de tenir toute sa bibliothèque à ma disposition.

PATOIS
DE LA SAINTONGE

PREMIÈRE PARTIE

CURIOSITÉS ÉTYMOLOGIQUES

ABRIC, Abri. — D'où vient ce *c* final ? Est-ce une simple consonne euphonique placée là par caprice, comme dans *chouc, louc,* chou, lou ? Je ne le crois pas. Il est probable que le *c* est resté à la fin d'*abric* parce qu'il se trouvait déjà dans le mot latin d'où il a été formé, et il sert à corroborer l'étymologie que donne Burguy (t. III) du français *abri*.

« *Abri,* dit le docte philologue, signifia dans le principe, et il signifie surtout encore, un lieu qui protége du froid, de la pluie, etc. Or, *apricus locus,* ou neutre *apricum,* signifie lieu exposé au soleil, et l'on a dit d'abord *apricum,* abri, par opposition à un lieu ombragé ; puis, admettant une très petite extension, on a pris abri comme contraire de lieu froid, humide, etc. »

Adiuser, Aiguiser. — Vient de *aguser*, usité au moyen âge ; mais l'insertion du son mouillé a fait ressembler *guiu* (aguiuser) à *diu*, et nos paysans, suivant leur invariable habitude en pareille circonstance, ont confondu ces deux consonnances et ont dit *adiuser* pour *aguiuser*, comme ils disent *diéres* pour *guiéres* (guères). Il est vrai que, par compensation, ils disent mon *Guieu* pour mon *Dieu*, *étuguié* pour *étudié*.

Agrains. — On appelle ainsi les grains de rebut, les grains séparés des autres, *à granis*.

Agrouer. — Se dit de la poule qui cache avec soin ses petits sous ses ailes. La paysanne à qui je me suis adressé pour avoir la signification exacte de ce mot m'a répondu : « La poule étend et arrondit un peu ses ailes de manière à bien abriter ses petits, et de temps en temps elle fait *groo, groo*. Les poussins répondent piou, piou ! — piou, piou ! »

Agrouer est donc une onomatopée qui reproduit le gloussement que fait entendre la poule en ce moment-là.

Les Berrichons disent *s'agrouer*, avec le sens de s'accroupir. Rabelais écrivait *accrouer*.

<small>Et nous mena en tapinoys et silence droict à la cayge en laquelle il estoit *accroué*. — (Cité par M. Jaubert.)</small>

En Languedoc *agrouva*, être accroupi.

Alise. — L'*alise* est une galette peu levée faite avec le résidu de la pâte. — (Jonain : *Notice sur B. Palissy*, p. 39.)

Li rois Phelippes establi que les talemaliers... peussent vendre leur pain reboutis.. si come... leur pain ars ou eschaudé, pain trop levé, pain *aliz*, etc. — (*Livre des Mestiers* d'Est. Boileau, p. 16.)

AMOURINÉ. — Qui va mourir, qui doit mourir.

<blockquote>Peur tout vaillan j'avon ine oueiye amourinée.
(Burgaud des Marets : <i>Ire églogue de Virgile.</i>)</blockquote>

Amouriné se dit aussi des fleurs qui sont malades et languissantes. Ce mot est un composé de mourir, qu'à la campagne on prononce *mouri*, en supprimant l'*r*, comme dans tous les infinitifs en *ir*. Quant à l'insertion de l'*n* après le radical *mouri*, on en trouve des exemples dans l'ancienne langue.

<blockquote>Piaus (peaux) de morine ne doivent point de tonlieu. — (Livre des Mestiers d'Est. Boileau, p. 337.)</blockquote>

ANGROEIZE. — C'est le nom du lézard gris. Il est probable que nous l'avons emprunté à nos voisins du Périgord ou du Limousin. Les premiers disent une *angrizole*, et les seconds une *engrosooŭlo;* — en Languedoc *grizollo*.

Dans certains cantons de la Saintonge ce mot est encore plus dénaturé ; on dit une *angrotte*. A ce propos, je crois devoir signaler une erreur qui s'est glissée dans le Glossaire rochelais (Didot, 1861). On y lit *lauguerotte*, lézard. Lisez l'*angrotte*, ou *langrotte* en incorporant l'article avec le nom, comme cela s'est fait pour *lierre* et *lendemain*.

<blockquote>Les lézars et langrotes s'y verront comme en un miroir et admireront les statues. — (Bernard Palissy, cité par M Jonain : Notice populaire sur B Palissy, p. 26.)</blockquote>

Apprentif. — L'*f* sonne.

Ne pourront les dicts maistres de la dicte ville sousfraire ny recevoir à leur service aulcun serviteur ou *aprentif* sortant de la maison d'un aultre maistre de la dicte ville, sans le gré et consentement du maistre. — (*Statuts des apothicaires d'Angoulême en* 1597, publiés par M. Edmond Sénemaud. *Bull.* de la Société archéol. de la Charente, 1861, p. 149.)

La Fontaine fait rimer *inventif* et *apprentif*.

Aqueder.

> L'é sûr qu'il avait bein dau mau.
> Au lieur qu'ol *aquedisse*, o marchit d' pire en pire.
>
> Au lieu de diminuer, de *s'apaiser*, le mal alla en augmentant.
> (Burgaud des Marets : *Le Loup et le Renard*.)

Aqueder n'est autre chose que le *aquiter* du moyen âge, qui s'employait dans le même sens.

> Endroit hore de tierce, es-vous le feu levé,
> Tresques à mienuist art la bone cité ;
> Que glise, que maisons, ce dist-on par verté,
> Deus mil en furent arses, ains qu'il fust *aquité*.
> (*Chanson d'Antioche*, édit. P. Pàris, chant vii, str. 21.)

Aqueder, comme *aquiter*, vient du latin *quietus*. Burguy (t. iii) ne donne pour *aquiter* que le sens de acquitter, s'acquitter, remplir, donner, céder, abandonner, délivrer. On voit par l'exemple ci-dessus que *aquiter* avait de plus le sens de apaiser, ce qui achève de le rapprocher de notre saintongeais *aqueder*.

Areau, Arée. — L'*areau* (*aireau*, *ariau* en Berry, *ardirë* en Languedoc) est la charrue sans avant-train. On trouve *aireau* dans nos vieux auteurs. *Arée* se dit du champ qu'on laboure. Ces deux mots viennent du latin *arare*.

> Car au duc de Buillon fu grant ire montée :
> Plains fu de mautalent, sa vertu est doublée.
> Qui il ataint à coup ne peut avoir durée.
> Li dus garde à senestre par delès une *arée*,
> Et voit Claret de Meque qui ot traite l'espée,
> A un François en a la teste décolée.
> Quant li dus l'a véu, forment li desagrée;
> Il a estrains les dens, s'a la teste croslée :
> « Cuivers! mar le tochastes, vostre vie est finée! »
> (*Chanson d'Antioche*, édit. P Pâris, chant IV, str. 34.)

AREUGN, Têtu, contrariant. — Est formé de *hargneux* par une transposition de syllabes. Bizarrerie qui se retrouve dans *prêtî* (pétrir), *gresolle* (groseille), etc. (Voyez plus loin *Charve*.)

ARRIÉ, RRIÉ, Arrière. — Cri du conducteur pour faire reculer ses chevaux. Autrefois on ne faisait pas sonner l'*r* final dans ce mot.

LI CHEVALIERS.

Or dites, douche bergerette,
Ameriez-vous un chevalier?

MARIONS.

Biaus sire, traiies-vous *arrier*.
(*Li Gieus de Robin et de Marion c'adans fist*, p. 103.)

ARRIPER, AGRIPER. — Ces deux mots, qui s'emploient indifféremment l'un pour l'autre, viennent du latin *arripere*, dont ils ont la signification. M. Ch. Nisard l'a déjà remarqué pour *agriper*, mais il ne dit rien d'*arriper*, dont la filiation est encore plus évidente, ce qui semble indiquer que ce mot n'est pas usité dans le dialecte bourguignon. — (*Curiosités de l'étymologie française*, p. 107.)

« L'auteur de *griper*, dit M. Nisard, est *agriper*. » — J'ajoute donc : et l'auteur de *agriper* est *arriper*, fils aîné, et fils très ressemblant, pour la forme et pour le sens, du verbe latin *arripere*.

ARROCHER, Lancer des pierres. — On devine aisément l'étymologie de ce mot. Les vieux auteurs donnent *rocher*, même sens, et *dérocher*, lancer des pierres de haut en bas.

Séméi maldist David, et *rochout* pierres encuntre lui e encuntre luz ses humes. — (*Quatre Livres des Rois*, p. 178.)

Séméi alad al pendant del munt en coste; si l' maldiseit, si l' *dérochout* (et non *arrochout*, parce qu'il lance d'en haut).—(*Idem*, p. 179.)

A la tour sont venu..............................
Tant que par force en ont la porte péchoïe.
Et li Turc de laiens lor ont bien calengie.
Sor els ont *desrochié* mainte pierre massie.
(*Chanson d'Antioche*, édit. P. Pàris, ch. III, str. 24.)

J'accumule à dessein les exemples, parce que M. Th. Pavie, dans un récent article *(Revue des Deux-Mondes)* sur le Dictionnaire de M. Littré, fait venir le mot *arrocher* d'une expression espagnole qui est exactement semblable. Il prétend qu'elle date des guerres de religion, et qu'elle a été laissée en Anjou par des compagnies espagnoles au service du duc de Mercœur.

Il est aisé de voir, d'après ce qui précède, que cette observation n'est pas fondée.

ARS, Sec, desséché, dur au toucher. — On dit du *pain ars*, pain très sec; du *bois ars*, bois cassant et peu flexible, etc. On voit aisément que ce mot vient du latin *ardeo*. M. Beauchet-Filleau, dans son intéressant Glossaire poitevin, écrit ce mot *are*, et le fait venir tantôt de *asper*, tantôt de *acer*, qui ont formé régulièrement *âpre*, *âcre* et *aigre*.

Asoér (1), Aser, Hier soir. — *Aser* (*s* dur) est pour *herser*, *hersoir*, *harsoir* (prononcez harsouér). Le changement de *er* en *ar*, presque constant chez nous, avait lieu fréquemment au temps de Marguerite de Navarre et de son frère François Ier, nés tous les deux dans l'Angoumois. Est-ce au hasard de leur naissance et par conséquent à l'influence de l'Angoumois qu'il faut attribuer ce genre de prononciation, ainsi que l'expression *j'allons, je venons*, qui excitaient l'indignation d'Henri Estienne?

Le son grêle *é* et le son plein *oué*, figuré *oi*, se sont toujours confondus, comme on le sait, pendant tout le moyen âge. On en retrouve des traces chez les paysans, qui disent tantôt « in *det* », tantôt « in *douét* », tantôt « Alf*red* », tantôt « Alf*roued* ». C'est ainsi que *soir* (souér) et *ser* se sont substitués l'un à l'autre, le son grêle venant le premier; lat. *serus*.

Arsoir se trouve dans les lettres de Marguerite de Navarre :

Monseigneur, je vins *arsoir* en ce lieu de Monfrin, où est la compaignie du roy de Navarre, que j'aye veue toute en bataille. — (*Lettre autographe de Marguerite,* édit. Génin, 1841, p. 327.)

---

(1) M. Burgaud des Marets écrit *à soèr,* en deux mots. C'est à tort, comme on va le voir par l'étymologie que je donne de *aser, asoér.*

A soèr, sauf vout raspect...
(*Le Renard et le Corbeau.*)

La même Marguerite dit ailleurs *her soir;* mais ce mot se trouvant dans une lettre dictée est plutôt du fait du secrétaire.

<small>J'euz *her soir* en ce frais logis un gentilhomme du duc de l'Infantade. — (*Ibid.*, p. 195. Lettre dictée.)</small>

De *arsoir* on a fait *aser* en supprimant le premier *r*, comme d'*arbre* on a fait *âbre*, et de *garde-bout* (*Gloss. rochelais*, Didot), *gadebout*, bougeoir économique, appelé aujourd'hui brûle-tout.

Assire (s'), S'asseoir. — S'est formé très régulièrement de *assidere*, comme *rire* de *ridere*.

<small>Mais si en cest habit (de moine) je m'*assys* à table, je boiray par Dieu et à toi et à ton cheval. — (Rabelais, édit. biblioph. Jacob, p. 68.)</small>

Je m'*assys* est au présent pour je m'assieds.

<small>Entre ii biaus bachins où *assir* le feroie.
(Beaudouin de Seb, i, 30.)</small>

On trouve *assire* dans une charte rochelaise de 1231. — (*Biblioth. de l'École des Chartes*, année 1858, p. 147.)

Bader. — En Languedoc, *bada, badar,* ouvrir la bouche. « *Bade* le bec, » dit l'enfant à l'oiseau qu'il nourrit. *Bader* est synonyme de ouvrir, mais ne s'emploie que quand il s'agit de la bouche, du bec ou de la gueule. Ainsi, l'on ne dira pas *bader*, mais *duvrî* (ouvrir) l'œil. *Débader* s'emploie sans régime et veut dire ouvrir la bouche, et, par extension, parler.

<small>Jean et son tonton Piarre aillan en Chouvignat
N'avian pas *débadé* tout le long de leû route.
(Burgaud des Marets : *L'Œuf d'âne*.)</small>

Bader vient du bas latin *batare*. Bader a donné naissance au mot *badaud*, en Languedoc *badobec*; car le type du badaud est bien ce curieux oisif et un peu niais qui, l'œil étonné, *la bouche ouverte*, contemple longuement les tours de passe-passe d'un prestidigitateur ou les curiosités d'une baraque de charlatan.

Badras. — Battoir, *bat-draps*.

Banlin. — Un *banlin* est un grand linge, un drap de lit, ou un de ces draps dont on se sert pour recueillir les balles du blé après qu'il a été battu dans l'aire. Ce mot n'est que l'abrégé et le composé du latin *pannus lineus*, dont la traduction exacte est *drap de lin*, d'où le français linge. Les Saintongeais ont donc conservé la première syllabe de chaque mot latin *pan... lin...*, mais en changeant *p* en *b*, changement dont on trouve beaucoup d'exemples.

Telle était mon opinion à l'époque où je lisais cette série d'articles devant la Société archéologique; mais aujourd'hui je ne suis plus aussi sûr de cette étymologie.

D'abord, on ne dit pas *banlin*, mais *ballin* en Berry et en Poitou. (V. Jaubert et B.-Filleau.) En second lieu, dans ces deux provinces, comme chez nous, les *balins* ou *ballins* sont surtout employés à recueillir les *balles* de blé. Enfin le son nasal *an* n'est qu'un caprice de prononciation où l'étymologie n'a rien à voir. (V. Jaubert, *A, E*.) Cette habitude de donner le son nasal à l'*é* et même à l'*a* long suivi d'une consonne date de loin et est commune à presque tous les paysans de France. Exemple : *Champtocé* pour *Château-cé*, castellum celsum ; *neingligent* pour *négligent* ; *nyngremance* pour *nécromancie*.

> Plus savoit d'art et de l'autorité,
> De *nyngremance*, plus que hom qui soit nés.
> (*Roman de Gaydon*, v. 76.)

BASIR (pour bazî). — « Tielle pour' femme est *bazie* (est morte). » — Dans le Glossaire du patois rochelais Didot, 1861), on lit *bazir*, disparaître, s'évaporer.

En Languedoc on dit *bouta à bassac*, mettre à bas, mettre sens dessus dessous, et *bouta à bazac*, ou *bazat*, même sens. Il est probable que le *bazac* du Languedoc et le *basir* de la Saintonge viennent du mot *bas*. De sorte qu'en disant d'un homme : « il est *bazi*, » c'est comme si l'on disait « il est à bas. » Ne dit-on pas, en parlant d'un malade, il est bien bas ? Ceci expliquerait l'expression triviale *je suis baisé*, je suis perdu, qui ne serait autre que *basi* mal prononcé.

Il se pourrait aussi que *baisé*, pris dans ce sens, et *basi* lui-même vinssent du bas-breton *béz*, tombeau ; *bésia*, enterrer.

BECHÉE, Bouchée. — Dérive de *bec* et s'emploie en parlant des oiseaux.

> Je donne au diesble, dist-il, tu n'as pas trouvé tes petitz beuveraulx de Paris qui ne beuvent non plus qu'un pinson, et ne prennent leur *bechée* sinon qu'on leur tape la queue à la mode des passeraulx. — (Rabelais, édit. bibliogh. Jacob, p. 139.)

BELLEMENT. — Le cavalier dit à sa monture qui s'emporte : *Bellement !* c'est-à-dire doucement.

Son chamberlan nous vint à l'encontre pour ce que nous allissiens *belement*. — (Joinville, édit. Fr. Michel, p. 55.)

Il s'agit dans ce passage d'un homme gravement malade auprès duquel il faut marcher doucement.

BEUGNET. — Beignet.
Parmi les nombreux cuisiniers qui, sous la conduite de frère Jean des Entommeures, vont combattre l'armée des Andouilles, Rabelais fait figurer un certain *Franc-beugnet,* Franc-beignet. — (Rabelais, édit. bibliopah. Jacob, p. 404.)

BITON. — A la même origine que le *bitaud* du Berry (v. *Bi* et *Bitaud* dans le Gloss. Jaubert); mais il en diffère un peu pour le sens. Le *biton*, validam gerens mentulam, est un franc luron; il est parmi les hommes ce qu'est le coq parmi les oiseaux de basse-cour.

BÔNER. — Au noble jeu de bouchon, quand l'enjeu a été renversé et que deux ou plusieurs joueurs prétendent y avoir droit parce que leur sou en est plus rapproché que les sous des autres, on se met à *bôner,* c'est-à-dire à mesurer la distance.
Bôner n'est donc pas autre que *borner*, dont l'*r* est tombé.

Aussi auront les ditz maire, bourgois et eschevins la court juridicion et cognoissance de toutes actions réelles des maisons et autres biens immeubles et héritaiges estans situez et assis en la dicte ville et cité d'Angoulesme et dedans les croiz estans au dehors de la dicte cité, qui sont les *bonnes* (bornes) de la juridicion des dits maire, bourgois et eschevins. — (*Documents inédits sur l'histoire de l'Angoumois,* publiés par Ed. Sénemaud. *Bull.* de la Société archéol. de la Charente, 1859, p. 238.)

BRAN, BRENÉE ou BEURNÉE. — La *brenée* est la pâtée qu'on donne aux cochons. On la prépare en versant de l'eau chaude dans une auge et en y mêlant du *son* et des pommes de terre bouillies. Or, *son* en Saintonge s'appelle *bran*, bas-breton *brenn*; de là le nom de ce mélange.

BRENUZON, BEURNUZON. — Répond au latin *mica*, parcelle.

> Peûris-tu me preilé tau set peu d' gigouril,
> De la mique, dau pain ratit,
> O beunn dés *beurnuzons* de tourtiâ chaumeni?
> (Burgaud des Marets : *La Cigale et la Fourmi*.)

Brenuzon vient du mot *bran*, son. Il indique des parcelles aussi menues que celles du son. Il en est de même en Languedoc, où *brën*, son, a formé *brënico*, miette de pain.

Brenuzon a donné naissance à *ébrenuzer*, émietter.

De *mica*, parcelle, les Latins ont fait *micare*, remuer, s'agiter vivement; par la même analogie, les Saintongeais ont de *brenuzon* fait *brenuger* ou *beurnuger*, s'agiter vivement, en parlant d'un grand nombre de petits objets ou de petits animaux qui grouillent pêle-mêle.

> .... Jor et neut o *beurnugeait*.
>
> Jour et nuit ça se remuait.
> (Il s'agit de crapauds qui pullulent dans une mare.)
> (Burgaud des Marets : *Les Crapauds et le Commissaire*.)

ÇA-BAS. — Ici-bas.

> In chaquin a *sabas* seun état et sa tâche.
> (Burgaud des Marets : *Le Diable à Saint-Même*.)

Voudrois-tu point faire quelque sortie
De ton manoir divin perpétuel,
Et *ça-bas* voir une tierce partie
Des faits joyeux du bon Pantagruel?
(Rabelais à Marguerite de Navarre.)

CABOCHE, Tête. — En Languedoc *cabôsso*.

A la même famille appartiennent *cabosse* et *cabosson*. La *cabosse* est la tête du maïs avec tous ses grains; *cabosson* se dit aussi de la tête du maïs, mais c'est une tête dépouillée de ses grains, j'allais dire une tête chauve. On fait brûler les *cabossons* en hiver. Les petits enfants s'en servent pour élever de légères et frêles pyramides.

CABOURNE, CABOURGNE, BOURGNE, BOURNAT. — Nous appelons une ruche un *bournat;* Berry *bornais, borgnon;* Languedoc *bourniou, bourgnou*.

Bournat vient de *bourgne*,
    qui vient de *cabourgne*,
    qui vient de *cabourne*,
    qui vient de *caverna*,
    qui vient de *cavus*.

Après la généalogie la biographie.

Une *bourgne* ou *bourgnon* est une grande et haute corbeille à large ventre et à couvercle de jonc tressé. Comme les nasses des pêcheurs ont à peu près la même forme, on leur donne le même nom.

Cabourgne est synonyme de trou; il est féminin.

Cabourne est adjectif et a le même sens que *caverneux*.

Il est dit dans le Glossaire rochelais (Didot, 1861) que les Rochelais appellent *bourgue, bourguet* la ruche à abeilles et la claie à pêcher les anguilles. Lisez *bourgne, bourgnet.* Il est probable que l'éditeur, peu familier avec le patois de l'Aunis, aura mal lu et qu'il aura confondu l'*n* avec l'*u*. (Voir une erreur du même genre à l'article *Angroeize.*)

CADROU (faire le), Avoir triste mine. — « Cette poule n'en a pas pour longtemps, elle *fait le cadrou.* » Se dit d'une poule qui reste immobile, la tête renfoncée dans les épaules et dont les plumes se ternissent, dont les ailes traînent.

On peut rapprocher cette expression du berrichon *caduire.* « La sécheresse *caduit* l'herbe des prés. » M. Jaubert le fait venir de *cadere.*

CAGOUILLE. — La *cagouille* n'est autre chose que l'*escargot* qui, malgré sa démarche lente, a fait si longtemps courir les étymologistes après lui (1). Notre escargot saintongeais ne fait pas tant de difficultés pour nous mettre au courant de ses origines. C'est un fils de moine; honni soit qui mal y pense. Il a cela de commun avec le *moineau.* L'escargot, dans sa coquille arrondie et repliée sur elle-même, a fait aux paysans le même effet qu'un bon moine enfermé dans sa *cagoule,* cucullus (2), d'où ce nom de *cagouille.*

---

(1) Voir à ce sujet les recherches et la curieuse trouvaille de M. Ch. Nisard. — (*Curiosités de l'étymologie française,* p. 57-66.)

(2) Mot essentiellement saintongeais, comme le prouve ce vers souvent cité de Martial :

Gallia santonico te vestit *bardocucullo.*

C'est ce qui explique ce sobriquet de *coquillon* par lequel Rabelais désigne souvent les moines.

Cette plaisanterie rustique est plus innocente et moins grossière que celle des paysans des environs de Châteauneuf qui, du temps de Marguerite de Navarre, donnaient le surnom de *cordelier* à l'animal que La Fontaine appelle *dom* pourceau.

La cagouille s'appelle en Berry *cocoille*, mot que M. Jaubert fait venir de coquille, mais que je rapporterais plutôt à *cucullus*.

Les Languedociens disent *cagaraoûlo* et Rabelais *caquerole*.

CAPUS. — Le chou *capus*, Académie *cabus*, est un chou à grosse tête.

ÇARIMONIE. — Formé de *cérimonie*. Le changement de *er* en *ar* est fréquent chez les paysans : *pardre*. perdre ; *çartain*, certain, etc.

Me retira à part en sa chambre avecques une femme, mais ses propos ne furent pour faire si grande *cérimonie*. — (*Lettres de Marguerite de Navarre*, p. 188.)

CAROT, Écuelle de terre, crâne, tête. — Il est à remarquer que ce mot s'emploie chez nous exactement comme chez les Latins le mot *testa*, écuelle de terre, crâne, tête (dans la basse latinité).

Ainsi, l'on dira : « Mets dau grain dans le *carot*, » — et « Tiel houme est ben vieux ; son pauv' *carot* est tout pelé. »

Au moyen âge on disait *care* pour tête.

M. Littré, dans son Dictionnaire, donne au

mot *carrer (se carrer)* la même origine qu'au mot *carré*. En effet, l'homme qui *se carre* dresse la tête et se donne une attitude qui fait valoir sa taille, sa carrure. Ce peut donc être la vraie étymologie. Mais, après avoir lu le passage suivant, n'est-on pas tenté de rapporter cette expression *se carrer* au mot *care*, tête ?

> Mon frère Lazare,
> *Porte haulte care,*
> Ses chiens hue et hare,
> Et souvent s'esgare
> Parmy les buissons.
> (*Mystère de la Passion*, cité par Génin.)

Après ces observations et ces exemples il ne nous sera pas diffficile de comprendre les expressions populaires *faire le crâne, faire sa tête*.

CATIT, CATITE. — Caché, cachée.

> .... A seul' fin qu' les borjoès qui sont peur là *catit*
> Me baillissian ine roulée.
> (Burgaud des Marets : *Le Loup et l'Agneau*.)

Très usité au moyen âge sous les formes *catir, quatir, quaitir*. (V. Burguy, t. III.)

> Or, est Raimbaus Cretons à l'estaque où s'est pris :
> Contremont est rampés com chevaliers gentis,
> Desci qu'à une cloie. Sus à genous s'est mis,
> A senestre des ars (arches) où vit les Turs *quatis* (blottis),
> Sor un afeutrement que là orent assis.
> (*Chanson d'Antioche*, édit. P. Pâris, ch. IV, str. 42.)

> Doner me welt Herchanbaut de Pontis
> Li parlemens en sera mescredi,
> Sor Saint-Cloot, en I bel pret floril,
> Lès I bruellet qui est biaux et foillis.

> Se tant poit faire Bernier et Geris
> Que il se fussent en sel bruellet *quaitis*,
> Et auvec iax de chevalliers III mil,
> I me rauroient, par verté le vos di.
> (Raoul de Cambrai, p. 247.)

CAVER. — Creuser.

Les ungs... les aultres remparoyent murailles, dressoient bastions, esquarroyent ravelins, *cavoyent* fossez... — (Rabelais, édit. bibliopl. Jacob, p. 193.)

Car se il fust chose possible que on poist *caver* la terre et faire .I. puis, et gitast-on une grandisme pierre ou autre chose pesant, je di que cele pierre ne s'en iroit pas outre. — (Brunetto Latini, p. 113.)

CEMANTIÈRE. — Dérive par corruption de cimetière. Se trouve usité sous cette forme dans tous les patois de France. Berry *cemetière* et *cementire*, Gascogne *cementèri*. Autrefois on a dit *cementire* et *cimentire*.

D'ung filosofe qui passoit parmy un *cimentire*. — (Cité par M. Jaubert.)

Excepté la meyson du *cimentire* e le bois de la Glade. — (Charte inédite du XIIIe siècle, en langue vulgaire des environs de *Lussiet* (Luxé, département de la Charente), communiquée par M. de Rencogne, archiviste.)

CHAFAUT. — Échafaud, échafaudage.

On *chafaut* que l'en ot establi fu porté. — (Joinville, édit. Fr. Michel, p. 243.)

CHANEUIL, CHALEUIL. — Sorte de lampe rustique à fond plat et ovale. Du côté opposé au bec s'élève une première tige surmontée d'une seconde tige mobile, au bout de laquelle se recourbe en sens inverse un petit crochet. C'est par là qu'on suspend le chaneuil aux minces barres de fer qui garnissent les côtés des grandes cheminées de nos campagnes.

Mais quand ilz eurent long chemin parfaict, estoient ja comme paoures diables, et n'y avoit plus d'olif (huile) en ly *caleil*, ilz ne belinoyent si souvent. — (Rabelais, édit. bibliopb. Jacob, p. 104.)

En Languedoc *caleil*.

CHARMOTE. — Dos.

.... l se gravian à leû *charmote*.

Ils se grimpaient sur le dos.
(Burgaud des Marets : *Les Crapauds et le Commissaire.*)

M. Burgaud des Marets dérive ce mot de *chair morte*. Il y voit une allusion à l'habitude qu'avaient les bouchers de campagne de promener sur leur *dos* la viande, la *chair morte* qu'ils voulaient vendre.

L'observation peut être juste et doit être prise en considération partant de M. Burgaud des Marets, qui connaît le mieux le tour d'esprit, le langage et les mœurs de nos paysans. Cependant je ne suis pas tout à fait de son avis. Il me semble qu'on peut rapporter ce mot à l'expression *chèvre morte* : « porter quelqu'un à la *chèvre-morte*. » C'est ainsi que s'exprimera une paysane qui portera un petit enfant sur son dos.

Il luy promist un habit, en condition qu'il le passast oultre l'eau à la *cabre morte* sur ses espaules. — (Rabelais, édit. bibliopb. Jacob, p. 248.)

CHARVE. — Est pour *chanrve*, qui lui-même n'est que *chanvre* renversé. *Chanrve* eût produit un son nasal fort désagréable; c'est pour cela qu'on a fait disparaître l'*n* et qu'on dit *charve*, d'où vient l'adjectif *charveux* ou *cherveux*.

Exemple : « Cette viande est dure et *cherveuse* (filandreuse). »

On trouve *cherve* (chanvre) dans le Saintongeais d'Aubigné.

C'est le propre de ce que nous appelons ici et vers vous la *cherve*, d'être égrugée entre des fers serrés et pointus. — (Cité par M. Jaubert.)

On a remarqué que les Berrichons aiment à faire subir à certains mots des transpositions bizarres. Ils disent *verpie* pour vipère, *migrace* pour grimace, etc. Il en est de même en Saintonge, où l'on dit *gresolle* pour groseille, *areugn* pour hargneux, etc. Mais quelle est l'origine de cette bizarrerie, commune à de nombreuses populations? La voici, je crois.

Nos pères avaient l'habitude (Génin : *Variations de la langue française*, p. 30) de changer de place l'*r* quand il se trouvait immédiatement avant une autre consonne. Ainsi, on écrivait *fermer, berger*, et l'on prononçait *fremé, bregé*, que nos paysans prononcent encore aujourd'hui à peu près de la même manière.

Il est arrivé de là que ces mêmes paysans, par trop fidèles à la prononciation de leurs aïeux, ont exagéré cette habitude de transposer l'*r*. Ils ont changé de place non-seulement cette lettre, mais aussi la voyelle ou diphthongue qui l'accompagnait, et cela même dans des mots où l'*r* n'est pas joint à une autre consonne.

Par exemple,

De *groseille* on a fait *gresolle.* } (Saintonge.)
De *pétrir,* *prêti.*
De *grimace,* *migrace.* (Berry.)

On trouve des exemples analogues dans les plus anciens monuments de notre langue. Ainsi, *aerder* pour *adhérer*, du latin *adhærere.*

Aerde la meie langue as meie jodes, si mei ne rememberra de tei. —(*Livre des Psaumes,* cité par M. Littré: *Histoire de la langue française,* II, p. 444.)

Enfin cette transposition, fréquente dans les mots où se trouve l'*r*, s'est opérée quelquefois dans d'autres mots où ne figurent pas cette lettre.

Ainsi, *flebilis* a formé le vieux français *floibe*, puis *foible* et aujourd'hui *faible.*

Étalon a formé *atelon.* (Gloss. Jaubert.)
Osier (ousier), *ésiou.* (Poitou.)
Samedi, *smadi.* (Saintonge.)
Cimetière. *smitière, smantière,* etc.

Il faut observer aussi que la prononciation populaire varie encore pour les syllabes qui s'appuient sur l'*r*. On dit ici *peurmeloge, fourmage, gueurlet, guernadier, feurmit,* et ailleurs *promeloge, froumage, grelet, grenadier, fremit.*

Marie de France (XIIIe siècle) dit *fourmi* et *fremi.*

Le criquet ot disette
En hyver, et povrete (1)

---

(1) *Povrete* n'est pas le féminin, comme on pourrait le croire à première vue. C'est le masculin *povret* se rapportant à criquet. L'e ajouté

> Au *fourmi* est venu.
> ....
> Le *fremi* li a dist :
> « Ja ne vous aiderai. »
>
> (Cité par Génin.)

Nous trouvons des traces de cette singularité même chez les Grecs. Ainsi, θράσος, audace, avait formé θάρσος, même sens.

Beaucoup d'auteurs ont écrit *Tharsomenum* pour *Thrasomenum*. — (Quintilien : *Institut. orat.*, liv. I.)

CHÉRITÉ, CHÉRITABLE. — Prononciation autorisée par de très anciens exemples.

> En paradis l'esperitable
> Out grand par la gent *cheritable*.
> (Rutebœuf, édit. A. Jubinal, t. I, p. 280.)

> Monseigneur, le desir que j'avois d'obéir à vostre commandement estoit assez grand, sans l'avoir redoublé par la *cherité* qu'il vous a pleu faire au pauvre Berquin. — (Marguerite de Navarre : *Nouvelles Lettres*, p. 77.)

CHÔMENIT, CHOUMENIT, Moisi. — Le pain *chômenit*, moisi, est-il ainsi appelé parce qu'on n'y a pas touché et qu'on l'a laissé *chômer*? Probablement. Du reste, c'est par la même analogie que les paysans appellent *chômes*, et non chaumes (Jaubert, I, p. 254) les terrains vagues qu'on ne cultive pas et qu'on laisse *chômer*. Près d'Angoulême, par exemple, on voit les *chômes* de Crage.

---

indique qu'il faut faire sonner le *t* de povrel en l'unissant immédiatement au premier mot du vers suivant, qui commence par une voyelle. On obtient ainsi une consonnance suffisante pour la rime.

Peut-être aussi en appelant le pain moisi pain *chômenit* a-t-on voulu comparer ce pain, orné de sa barbe de moisissure verte, avec ce qu'on appelle une *chôme* parsemée de touffes de verdure.

Les pains des paysans sont souvent *chômenits*. Et cela n'est pas étonnant, car à chaque fournée ils font du pain pour quinze jours ou trois semaines. De sorte que dans les derniers jours le pain est en train de moisir quand on l'entame.

Le pain chômenit n'est jamais perdu, il sert surtout à faire de la soupe.

> Mais pour chacune passade,
> Ilz ne ont qu'une nazarde,
> Et sur le soir quelque morceau de pain *chaumeny*.
> (Rabelais, édit. biblioph. Jacob, p. 181.)

Chômer s'emploie aussi figurément dans le sens de rester immobile et inactif.

> Mais ce quy est né pour vous ne peut faire aultre chose que chercher et desirer le moyen de vous faire service; en quoy le roy de Navarre et vos vieux chevaliers ne *choument* une seule heure. — (Marguerite de Navarre : *Nouvelles Lettres*, p. 233.)

CLAVEAU, CLAVIA. — C'est le même mot prononcé de deux manières. Le *claveau* est l'hameçon primitif : un morceau de fer ou de métal, — par exemple, un *clou* mince et long, — que l'on recourbe. Or, *clou* se dit en latin *clavus, clavellus :* c'est ce dernier qui a formé notre mot *claveau.*

> En l'aultre (il portoit) force provisions de haims et de *claveaulx*, dont il accouploit souvent les hommes et les femmes en compaignies où ilz estoyent serrez. — (Rabelais, édit. biblioph. Jacob, p. 147.)

En Languedoc *clavel*, clou ; — *clavel barbat*, un hameçon.

Cloîter des euil. — Cligner des yeux à différentes reprises, surtout pour faire des signes d'intelligence.

Cloîter devrait venir de *clausitare*, le fréquentatif de *claudere*, fermer. La filiation serait naturelle et selon les lois de l'étymologie. Quant à la substitution de l'*oî* de cloîter à l'*au* de *clausitare*, elle n'aurait rien d'insolite : qu'on se rappelle, en effet, que *cloître* vient de *claustrum*.

Mais, car il y a des mais partout, surtout quand il s'agit d'étymologie, je n'ai pu encore trouver un seul exemple de *clausitare*, ce qui fait que mon étymologie reste à l'état de conjecture ou tout au plus de probabilité.

Coéreau, Bête comme une *coie* (citrouille). — Les meuniers disent des pratiques méfiantes qui restent au moulin jusqu'à ce qu'on ait expédié leur pochée, qu'elles passent leur temps à *coérer*, à rester immobiles comme des citrouilles.

Coffineau, Coffina, Petit vase de bois. — Appartient à la même famille que *coffre* et dérive comme lui du grec κόφινος, corbeille. (V. Burguy, III.) Κόφινος, cophinus, coph'ne, coffre, par la même analogie que diacre, diac'ne, de διάκονος. Notre *coffineau* suppose le diminutif cophinellus.

« Le mot *coffineau*, dit M. Beauchet-Filleau, n'est guère usité qu'en Saintonge. » On le retrouve chez nos plus vieux auteurs.

Nus mestre du mestier desus dit ne puet faire fourrel, ne *cofiniau*, ne autre estui, s'il n'a double fonz desuz et desouz. — (*Livre des Mestiers* d'Est. Boileau, p. 165.)

> Et li rouges lions s'en va par le caumois (chaume),
> O trente mille Turs sor les destriers morois.
> Li plus de sa mesnie portent le feu gregeois
> En *cofiniaus* d'arain qu'il jetent sor François.
> (*Chanson d'Antioche*, édit. P. Pàris, ch. viii, str. 30.)

Conte (de). — « Mets-te *de conte* moué. » Place-toi à côté de moi, contre moi.

Et je toi dis que tu es Pieres, et sour ceste pierre edifierai je mon Eglise, et les portes d'infer si ne poront riens *de contre*. — (Brunetto Latini, p. 634.)

Côri, Môri, Nôri. — Courir, Mourir, Nourrir.

> .... Les cagouye
> Amant b'n à *côri* quand o mouye.
> (Burgaud des Marets : *Les Cagouilles et le Roiberteau*.)

> N'est cure des ames sauver
> Mès des cors baignier et laver
> Et bien *norrir*;
> Car il ne cuident pas *morir*,
> Ni dedens la terre *porrir*.
> (Rutebœuf, édit. A. Jubinal, t. ii.)

L'*r* final de norrir, morir et porrir ne sonne pas plus que dans sauver, laver. (Génin : *Variations de la langue française*.) En cela comme en bien d'autres choses nos paysans sont restés fidèles aux vieilles coutumes.

Couci-couça. — Génin (*Récréations phil.*, 1, 283) blâme l'Académie d'écrire *couci-couci*, à tort, car cette expression est pour *comme-ci, comme-çà*, ainsi qu'il le remarque lui-même. Or, *comme* s'est autrefois prononcé *coume*. (V. les *Lettres de Marguerite de Navarre* éditées par Génin.) De *coume-ci* on a, pour abréger, fait *cou*(me)*ci*, *cou*(me)*çà*; de même que de *cou*(n)*vent* on a fait couvent.

COUDIN. — Le *coudin* ou *couding* saintongeais, en Languedoc *coudoun*, en Espagne *codoñero* (cognassier), vient du latin *cotoneum malum*, coing.

Coudin avait formé le vieux français *coudignac*, aujourd'hui *cotignac*, confitures de coings.

COUTON, en Berry *côton*. — *Coûton* vient de *côte*, comme autrefois *coteau*, qui s'écrivait *cousteau*. On appelle coûtons les grosses nervures qui font saillie dans les feuilles de chou, de salade, etc.

CRAMER. — « Cette soupe sent le *cramé* (brûlé). »
Cramer, ainsi que le languedocien *crëma*, vient du latin *cremare*, brûler.

Qui non *créme* ou non *féme*,
Quan lous autrés missounon, el gléne.

Qui ne brûle pas (ne pratique pas l'écobuage) ou ne fume pas,
Quand les autres moissonnent, celui-là glane.
(Proverbe langued. cité par Olivier de Serres.)

Est-ce le latin *cremare* ou le grec $\kappa\rho\epsilon\mu\acute{\alpha}\nu\nu\upsilon\mu\iota$, suspendre, qui a formé le français crémaillère? se demande l'abbé de Sauvages. Je l'ignore. Scheler le dérive du néerlandais *cram*, crochet.

CROUSSER. — En français *glousser*.

Le cheun jappe, la poule *crousse*...
(Burgaud des Marets.)

Crousser, qui se rapproche beaucoup du latin *crocire, crocitare*, s'est prononcé *grousser*, comme le prouvent ces paroles du marchand drapier dans la farce de Patelin :

> Je retournerai qui qu'en *grousse*,
> Cheuz cet avocat d'eauve douce.
> (Génin : *Récréations philologiques*.)

Dail. — Est le nom de la faux. En Languedoc *dâlio*, en Berry *dard*. (V. Jaubert.)

> La Mort, six jours après, le rencontrant sans coingnée, avecques son *dail* l'eust faulché et cerclé de ce monde. — (Rabelais, p. 326.)

On dit figurément d'une personne qui va mourir : « elle bat son *dail*, » c'est-à-dire elle aiguise sa faux. C'est probablement une allusion à la faux dont la Mort est armée. C'est une image aussi expressive que cette autre : « il sent le sapin, » c'est-à-dire il sent le cercueil, très usitée chez les gens du peuple.

Dail était régulièrement employé par nos vieux auteurs. (V. Burguy, t. III.)

Dâlio, dail n'ont-ils pas fait *taillandier*, celui qui fabrique et vend des faux ? Cette étymologie, due à l'abbé de Sauvages, n'a pas été adoptée par Scheler (v. article *Tailler*), à tort, selon moi.

Defoère ou Defôrs (*ô* long). — Dehors.

> Il agripit l'argent et détalit *defoère*.
> (Burgaud des Marets : *Le Diable à Saint-Même*.)

Defoère, defôrs viennent du latin *foris*, dehors ; en espagnol *fuera*.

> E li reis lut feist ardre *defors* Jerusalem el val de Cedron. — (*Quatre Livres des Rois*, p. 526.)

— 35 —

DÉNIGER, Dénicher. — La présence du *g* dans *déniger* et du *ch* dans *dénicher* s'explique fort bien quand on sait que nos paysans disent *in nic* (le *c* sonne) et non un *nid*.

Pour donques se soulager du mal, feit apporter son curedens, et, sortant vers le noyer grollier, vous *dénigea* messieurs les pélerins. — (Rabelais, p. 67.)

DESURE. — Dessus se prononce ainsi quand il termine la phrase ou le membre de phrase : « il est monté *desure*. » — Autrement on dirait dessus : « il est monté *dessus* moué. »

E Saül chalt pas prist sa spée e chaïd *desure*, si se ocist. — (*Quatre Livres des Rois*, p. 118.)

DEVANTEAU. — Tablier.

> Ton devanteau,
> Ma tieusinière !
> Ton *devanteau*.
> Il est salaud.
> O faut d' la cendre, o faut d' la sau (du sel),
> Peur laver ta devantière,
> O faut d' la cendre, o faut d' la sau,
> Peur laver ton devanteau.
> (Chansonnette.)

Devanteau est sans contredit plus heureusement formé que tablier.

Elle mist son *devanteau* sus sa teste, comme les prebstres mettent leur amict quand ilz veulent messe chanter. — (Rabelais, p. 235.)

DIÉRES. — N'est autre chose que le *quiéres* de nos aïeux, aujourd'hui *guère*.

Au mot *guiâbe* pour diable, M. Jaubert fait la remarque suivante : « Le son *gui* (*ghi*) s'emploie pour *di* toutes les fois que celui-ci fait partie d'une diphthongue (1). On prononce *Ghieu, ghiâbe, étughier, salaghier,* pour Dieu, diable, étudier, saladier. » J'ajoute : et le contraire arrive souvent, comme on le voit pour *dières,* guières, et comme on l'a vu pour *adiuser,* aiguiser.

Duvrî, Ouvrir. — Provençal ancien *durvi,* provençal moderne *durbir,* wallon *drovî;* — du latin *deoperire.*

Ébaffé et Épaffé. — Se dit d'une personne épuisée, hébétée par la chaleur. Il est frère du Lillois *épaffe,* saisi, épouvanté. — (V. Ch. Nisard : *Curiosités de l'étymologie,* article *Paf,* p. 38.)

Ébaudir, Réveiller. — Se trouve cité presque avec le même sens par Palsgrave.

La présence d'ung vaillant capitayne enhardit, or (*ou* en anglais) anime, or *esbaudit* ses souldars. — (P. 624.)

Échalle, Échelle. — Se rapproche plus que le français du latin *scala.*

Item, le libvre de la *Ymitacion Jhus Crist,* et mesprisement du monde, et l'*Eschalle* du Paradis, escript à la main et en parchemin, historié, couvert de satin violet, sans fermoers. — (*Bibliothèque de Charles d'Orléans, comte d'Angoulême, au château de Cognac, en 1496, par M. Ed. Sénemaud,* art. 24.)

Écharbotter, — qui se trouve deux fois dans Rabe-

---

(1) C'est-à-dire toutes les fois qu'il y a insertion du son mouillé.

lais, — a parmi nous la même signification, écarter, disséminer les différentes parties d'un tout. Quand on a fait cuire des marrons sous la cendre, on *écharbotte* le feu pour les en retirer.

Ce mot vient-il de *eschars*, usité au moyen âge avec le sens de chiche, avare? Olivier de Serres (t. I, p. 96) dit d'un pays où les arbres sont rares et disséminés qu'il « est *eschars* de bois. » On voit que dans ce passage *eschars* se rapproche, pour la forme et pour le sens, du saintongeais *écharbotter*.

<small>Grandgousier, son père, après souper se chauffe à ung beau cler et grand feu et, attendant graisler des chastaignes, escript au foyer avec ung baston bruslé d'ung bout, dont on *escharbotte* le feu, en faisant à sa femme et famille de beaux contes du temps jadis. — (Rabelais, p. 52.)</small>

Égail, Ève. — « La gelée de ce matin s'est tournée en *égail* (en rosée). » Dans le Berry on dirait en *aiguage*. — On appelle grenouilles d'*égail* les jolies petites grenouilles vertes qui se plaisent dans l'herbe mouillée.

On recommande aux personnes qui vont prendre un bain de rivière de s'*égailler* d'abord pour mieux supporter le froid de l'eau, c'est-à-dire de se jeter de l'eau sur le corps, de manière à la faire tomber en gouttes nombreuses.

Les Vendéens, dans leurs luttes contre les républicains, employaient, comme on le sait, la même expression, mais dans un sens différent. *S'égailler*, pour eux, c'était se disperser en tirailleurs, se disséminer comme l'eau qu'on fait tomber en rosée sur un pré.

Égail, comme l'*aigue* du Midi, l'*agua* des Espagnols, vient du latin *aqua*. *Aigue* à son tour a formé le vieux français *ève*, eau, encore usité chez nous.

Égrôgner, Égratigner. — Ce mot est un des plus anciens de la langue.

<small>Rollans ferit el perrun de sardonie (prononcez sardogne) :
Cruist l'acier, ne briset ne *n'esgrunie* (prononcez égrogne).
(*Chanson de Rolland*, édit. Fr. Michel, v. 169.)</small>

Dans le passage cité le verbe a le sens neutre. Nos paysans diraient : « ne se brise ni ne *s'égrôgne.* » (V. Burguy, t. III.)

Éloèze, Éloèzer, Éclair, faire des éclairs. — Les Berrichons disent *alider* ou *élider*; les Bas-Bretons, *elven*, étincelle; *luc'héden*, éclair; *luc'hédi*, faire des éclairs. L'expression languedocienne *elioû*, *elioûssa*, éclair, faire des éclairs, se rapproche beaucoup de la nôtre. Toutes deux semblent venir du latin *elucet*.

<small>Notre vie n'est qu'une *éloize* dans une nuit éternelle. — (Montaigne, liv. III, chap. v.)</small>

Rabelais dit *élicie*.

M. Beauchet-Filleau, à qui j'emprunte ces deux citations (*Glossaire poitevin*), rattache lui aussi *éloize* et *éloizer* à *elucere*. Mais il me semble que l'expression de Rabelais *élicie* nous met sur la voie de la véritable étymologie. *Élicie*, en effet, ne se rapporte bien qu'à *elicio*, *elicere*, avec lequel il concorde pour la forme et pour le sens. Les Latins disaient *elicere ignem*, faire jaillir le feu (en frottant des cailloux); *elicere fulmina,* faire descendre la foudre.

Le changement d'*i* en *é* ou *ei* et en *oi* (prononcez *oué*) est fréquent en français : l*i*cere, l*ei*sir, l*oi*sir ; rec*i*pere, rec*ei*vre, reç*oi*vre, etc.

Eloèze signifierait donc proprement élan, jaillissement, et je n'hésiterais pas à le rapprocher de *eslai, eslaisier,* qui se rencontrent souvent dans nos anciens auteurs.

> Le cheval brochet, li sancs en ist tuz clers :
> Fait sun *eslais,* si tressait un fosset.
> (*Chanson de Rolland,* édit. Fr. Michel, v. 227.)

> A cest mot *s'eslaisièrent* des Turs quinze millier.
> (*Chanson d'Antioche,* édit. P. Pâris, chant II, str. 36.)

> Et no baron *s'eslaisent* vers aus tot le campois.
> (*Idem,* chant II, str. 37.)

L'abbé de Sauvages rapporte *elioû, elioûssa* au grec ἥλιος, soleil ; car, dit-il, « rien ne ressemble plus à l'éclat de cet astre que les éclairs. »

Je crois qu'il est plus prudent de s'en tenir à ce principe de la science étymologique, qu'il ne faut jamais rapporter un mot de la langue vulgaire au grec, quand on peut le faire dériver du latin.

Élucher. — « Le temps *s'éluche* (s'éclaircit). » *Élucher,* comme on le voit, vient directement du latin *elucere,* briller.

Émouver, Mouver. — Émouvoir, mouvoir.

> I am meved by passyon. — Je suis esmeu and je m'*esmoue* (prononcez émouve) — (Palsgrave, p. 427.)

Pour l'explication de la prononciation que j'indique (émouve pour esmoue), voyez la lettre de Génin à M. Littré.

EN, A, suivi d'un nom de lieu. — « Il demeure *en* Berneuil. » Cette locution est usitée presque partout chez les gens du peuple. (V. Jaubert.) Il n'est donc pas étonnant qu'elle se trouve dans la bouche de Scapin :

Il va vous emmener votre fils *en* Alger.
(*Fourberies de Scapin*, acte II, scène II.)

Génin (*Lexique de Molière*, p. 152) fait suivre cette citation de l'observation suivante : « Cette façon de parler est née de l'horreur de nos pères pour l'hiatus, même en prose. *A Alger*, leur paraissait intolérable. En pareil cas ils appelaient à leur secours les consonnes euphoniques, dont l'*n* était une des principales, et disaient : aller *a(n) Alger*. L'identité de prononciation a fait écrire par *e, en Alger*. »

Génin, à qui nous devons de si précieuses découvertes sur la prononciation de nos aïeux, s'est trompé cette fois. C'est un exemple de plus des faux-pas que peut nous faire faire une idée fixe.

Dans ce passage, *en* est bien mis pour *en*, synonyme de *dans*, en latin *in*. Et la preuve, c'est que les paysans de la langue d'oïl mettent presque toujours *en* devant un nom propre de lieu, qu'il commence ou non par une voyelle : « *en* Salignat, *en* Berneuil, *en* Condéon. »

Et puis, si l'explication de Génin était juste, on devrait trouver soit dans les anciens textes, soit aujourd'hui parmi les populations rurales, des exemples de *en* pour *à(n)* devant les noms propres d'hommes aussi bien que devant les noms propres de lieu. On devrait rencontrer des expressions dans le genre de celle-ci : « *en* Alfred, » *à(n)* Alfred ; « *en* Antoine, » *à(n)* Antoine. Or, jamais, que je sache, on n'a signalé rien de pareil.

Admettons avec Génin que nos ancêtres aient voulu éviter ce heurt désagréable de *à* et des mots commençant par la même lettre. Ils n'avaient pas besoin d'y ajouter la lettre euphonique *n ;* ils n'avaient qu'à garder le *d* du latin *ad*, ou bien encore à le changer en *t*, comme ont fait les Anglais, qui disent *at Athenes*. Cela leur était d'autant plus facile, que le *d* euphonique se trouve usité en pareil cas dès les premiers temps de la langue.

        A*d* une spede...
        A une épée...
        (Cantilène de sainte Eulalie.)

Cependant il ne faut pas condamner Génin trop vite. Son idée première est juste ; malheureusement il en presse trop les conséquences.

Je crois avec lui que nos pères fuyaient l'hiatus même en prose ; mais je ne crois pas qu'ils s'en préoccupassent outre mesure, et l'on peut s'en assurer par ce fait qu'ils ont laissé tomber le *d* euphonique de *à*, lorsqu'il leur était si facile de le conserver. Cependant, je le répète, l'idée première de Génin est juste : nos pères ont dû éviter cette cacophonie de *à Alger*, *à Amboise*, etc., et pour cela ils ont pris *en* au lieu de *à*.

Voilà l'explication très simple de cette locution populaire, que l'on retrouve non-seulement dans Molière, mais encore dans Marguerite de Navarre.

> Je vous prie aussy, mon nepveu, silousl que vous scaures que les bandes de Guyenne viendront *en* Avignon, le me mander, ou à Monsieur, si je suis partie. — (*Lettres*, p. 317.)

Encoère. — Encore.

> E-t-ou qu'i prend lés diablotin?
> Ne cré poin qu'i lés prenge *encoère*.
> (Burgaud des Marets : *Le Diable à Saint-Même.*)

> *Encoires* que de mal en pys mon intencion soit perscriple, sy ne foudra jamais l'honnête et antcienne servylude que je porte à votre heureuse bonne grase. — (Marguerite de Navarre : *Nouvelles Lettres*, p. 25.)

Enfarges. — Entraves que l'on met aux jambes des chevaux; du latin *in ferro*.

Le *g* de la terminaison provient du *c* qui se retrouve dans le mot *farc*, fer. Telle est du moins la prononciation de certains cantons de la Saintonge (1). Dans ces mêmes cantons on dit un *murc*, un *nic*, un *chouc*, mur, nid, chou.

C'est le *c* euphonique du XIIe et du XIIIe siècle que l'on trouve à la fin des mots *berlenc, merlenc*. (Génin : *Variations*, etc., p. 33.)

Ensouairer (2). — Mot très heureusement formé. *Ensouairer* un mort, c'est le mettre dans le *suaire*. Devrait devenir français.

---

(1) A Challignac, près de Barbezieux.
(2) Communiqué par M. de Rencogne.

Ensouairer paraît particulier à la Saintonge : je ne le trouve ni dans le Glossaire du Berry, ni dans celui du Poitou.

Épijot, s'épijoter. — Les gerbes de blé *s'épijotent*, perdent leurs *épis*, quand la chaleur a desséché la paille et l'a rendue cassante. Et ces épis ainsi tombés, ainsi que les grains qui s'en échappent, sont appelés *épijots*. Quand on dit ironiquement de plusieurs personnes qui se partagent une succession, *il avant partagé leux épijot*, on veut faire entendre que les partages sont terminés, et qu'ils se sont faits rigoureusement et minutieusement.

Le *j* de *épijot* dérive du *c* de *spica*. épi.

Épré. — Espérer, attendre.

> Le diâb' l'arait pas fait *épré*.
> Le diable ne l'aurait pas fait attendre.
> (Burgaud des Marets : *L'Œuf d'âne.*)

A La Rochelle on se sert encore de la locution *espérez* pour attendez.

Épré est un curieux spécimen de l'ancienne prononciation, et donne raison à Génin, qui affirmait qu'on disait de l'*épouère* et non de l'espoir, comme nous prononçons aujourd'hui.

Pour achever cette démonstration je renvoie au fac-simile d'un rébus où est deux fois figurée la prononciation de *espérer* (1). (V. Brunet : *Manuel du libraire.*)

---

(1) Je dois cette précieuse indication à mon collègue M. Carissan.

On y voit *espérons* représenté par une paire d'*éperons;* et plus loin j'*espère* est figuré par la lettre *g* et une *poire,* ce qui donne tout à fait gain de cause à Génin.

ESSILLE. — « Les beû n'avan pas laissé d'*essilles.* » C'est-à-dire les bœufs n'ont pas laissé de restes, de débris. Ce mot est le même que le vieux français *essil,* qui vient du latin *exilium,* d'après M. Littré, que je cite : « On sait que quelques-uns des mots qui ont passé du latin dans le français primitif ont changé d'acception. Ainsi, *exilium* a donné *essil* avec la signification non de *bannissement,* mais de *ruine,* de *destruction.* » — (*Histoire de la langue française,* t. I, p. 210.)

Peut-être la vraie étymologie (1) du vieux français *essil* et du saintongeais *essille* est-elle *exilis,* menu, mince, chétif.

ESTOPER. — On *estope* un bas, un pantalon déchiré. *Estoper* est donc synonyme de *raccommoder avec du fil.* Il vient comme le mot *étoupe* du grec στύππη, par l'intermédiaire du latin *stuppa.*

Au moyen âge *estouper* signifiait boucher. (Voir Burguy, t. III.)

ÉVEURDIN, Caprice subit. — « V'là le k'naye (petit enfant) qui crie, ol est encoère in *éveurdin* qui le prend. » Ce mot tire son origine du latin *vertigo,*

---

(1) Etymologie proposée par Raynouard.

qui du reste s'emploie dans le même sens, en style familier : « quel vertigo le prend ? »

Je croirais volontiers que *avertin* (maladie qui rend emporté, opiniâtre; tournis des moutons) et *éveurdin* sont un même mot prononcé de deux manières. Quoi qu'il en soit, l'étymologie que Scheler donne de *avertin* convient à l'*éveurdin* saintongeais : « *Avertin*, vertige, représente un mot latin *advertiginium*, dérivé de *vertigo*. vertige. »

Fagne, Fagnoux. — « Tiel enfant est tout *fagnoux* (couvert de boue). » Ce mot vient de *fagne*, qui lui-même est pour *fange*, dont on a transposé le *g* : en bas-breton *fank*, en patois wallon *fanië*, *fagne*.

> Pâques *fagnouses*,
> Année fromentouse,

est un dicton de la Saintonge et de l'Angoumois.

Fain, Foin. — Usité en Poitou. (Voir Beauchet-Filleau.) A l'exemple qu'il cite on peut ajouter celui-ci, pris dans une charte indigène :

En tau manière que l'erbe et li *fain* e tuit li fruit... — (*Chartes rochelaises*, p. 10, publiées par L. de Richemond.)

Fende, Fente. — On trouve un exemple analogue dans une charte rochelaise du XIIIe siècle.

Ge Johanne.... ai juré sur les sainz Euvangiles nostre Seignor que ge jamais encontre iceste *vende* ne vendrai. — (*Biblioth. de l'École des Chartes*, année 1858, p. 144.)

Feuve, Feuble, Fieuvre, Feuvrier, Fève, Faible, Fièvre, Février. — Dans ces mots, comme dans beaucoup d'autres, nos paysans assourdissent en *eu* le son clair *é*. Ils disent aussi une *abeuille, Beurtrand*, etc. (V. Jaubert, t. i, p. 446.) On retrouve des traces de cette prononciation dans les anciens textes.

Que le tiers des amendes soit pour soustenir les povres vieilles gens du dist mestier qui seront decheuz por fait de marchandise ou de *vieilleuce*. — (*Livre des Mestiers* d'Est. Boileau, p. 177.)

Si Dieu ne m'eust amené M. d'Hély, je crois qu'il s'en feust allé après Unchy, pour la grosse *fieuvre* qu'il avoit. — (Marguerite de Navarre : *Lettres*, p. 339.)

Il est vray que les maux que j'ay eus tous les mois avecques *fieuvre*, le me rendent si feible que je suis quelquefois huit jours sans le sentir (elle parle de l'enfant dont elle est enceinte).... comme j'ay esté à cette fin de *feuvrier*. Mais despuis quatre jours a bien enforci son bougement. — (Marguerite de Navarre : *Lettres*, p. 207.)

FILLATRE, Belle-fille, fille du premier lit. — Analogue pour la formation avec marâtre. Ce mot n'est usité ni dans le Berry, ni dans le Poitou.

Je, ob l'otrei e ob la volunté dau dit Conain mon seignor et de Hilaire ma *fillastre*, ai vendu e otréié à Helye Giraut, borgeis de la Rochelle, une pièce de vigne. — (*Chartes rochelaises*, 1219-1250, p. 6, publiées par L. de Richemond.)

Dans l'ancienne langue, *fillastre* ne désignait pas seulement la belle-fille, mais aussi le beau-fils. Par la même analogie, le beau-père s'appelait *parastre*. (V. la *Chanson de Rolland.*)

Guenes respunt : « Rollanz cist mieus *fillastres....* »
(Edit. Génin, ch. II, v. 83.)

Sire *parastre*, mult vos dei aveir cher.
(*Id.*, ch. II, v. 93.)

Fisson, Fisser. — Le *fisson* est la langue fendue du serpent à laquelle, par une erreur d'histoire naturelle, les paysans attribuent des propriétés vénéneuses. Pour eux, le dard de la guêpe et de l'abeille est un *fisson*, et ils en ont formé le verbe *fisser*, synonyme de piquer : « Ine guêpe m'a *fissé*. »

En Languedoc *fissou*, aiguillon d'abeille, de guêpe, de frelon; *fissa*, piquer.

Fisson vient du latin *fissus*, fendu.

Après de nouvelles réflexions, je suis plutôt porté à faire venir *fisson* de *fixio*, *onis*, action d'enfoncer. Ce qui ramènerait ce mot au latin *figere* (V. Burguy, t. III), qui a déjà formé le français *ficher* par l'intermédiaire de *figicare*, dont on ne trouve pas d'exemple, mais que l'analogie permet de supposer.

Flamboise. — Vers la fin de juin et dans le courant de juillet on entend crier dans les rues de Poitiers et d'Angoulême : « Des *flamboises*, des *flamboises!* Qui veut mes bonnes *flamboises!* » Est-ce une corruption inintelligente du mot *framboises*, ou plutôt ne faut-il pas y voir une image? La framboise est si rouge qu'on peut bien la comparer à la flamme, à la *flambe*, comme disent les paysans.

Flemme. — Pour flegme, avec le sens particulier de paresse, d'indolence.

Temps en temps,
La flemme, la flemme,
Temps en temps,
La flemme me prend.
(Chansonnette.)

Ce mot se retrouve ainsi écrit dans le *Livre du Trésor* :

Por ce avient-il que une herbe est plus chaude ou froide que une autre, et que l'une nature est de complexion sanguine, l'autre de melancolie ou de *flemme* ou de colere, selonc ce que les humors abundent plus. — (Brunetto Latini, p. 107.)

FLIQUER, FLICTOIRE. — Onomatopées.

L'ève *fliquait* d'sous li, keume si fussian trente.

L'eau faisait *flic-flac*....
(Burgaud des Marets : *Le Nègre*.)

La flictoire est l'enfance de la seringue, ou mieux encore la seringue de l'enfance. C'est un jouet des gamins de village. En voici la recette à l'usage des petits garçons.

Prenez une canne, *canna palustris*, la plus grosse que vous pourrez trouver ; coupez-la de manière à y laisser deux nœuds. Enlevez un de ces nœuds et nettoyez bien l'orifice. Vous aurez ainsi un cylindre creux de douze ou quatorze centimètres de longueur, ouvert d'un côté, fermé de l'autre. Avec une forte épingle vous pratiquez un petit trou au milieu du nœud qui bouche l'une des extrémités. C'est par là que doit passer le jet d'eau.

Ensuite vous taillez et vous rabotez un bâtonnet d'un diamètre plus fort que celui de la canne, jusqu'à ce qu'il puisse entrer et jouer librement dans le tube. Vous faites en sorte qu'il ne soit ni trop long ni trop court. Vous entourez le bout d'un peu d'étoupe ou d'un morceau de linge que vous serrez fortement et que vous mouillez ensuite.

Alors vous introduisez votre bâtonnet dans la canne et votre *flictoire* est prête.

Pour vous assurer de la bonne qualité de l'instrument, vous le plongez dans la mare, vous le remplissez d'eau et vous visez un de vos camarades. Celui-ci, frappé en plein visage d'un jet d'eau bourbeuse, s'empresse de vous en faire autant. On s'anime des deux côtés : en quelques instants les joues, les blouses, les pantalons sont couverts d'une épaisse rosée. On finit par *s'émalicer* : le moins endurant se pose un brin de paille sur l'épaule gauche et défie son adversaire de le lui ôter. Mis au pied du mur, notre petit brave s'exécute de bonne grâce et reçoit un beau soufflet qu'il rend aussitôt avec usure. Après une lutte plus ou moins longue, on rentre chacun chez soi. Mais les yeux rouges, les joues enflammées et rayées de coups d'ongles éveillent l'attention de la mère. Elle devine tout ce qui s'est passé, se fâche et finit par jeter au feu la malencontreuse *flictoire*.

Fouger. — Au lieu de fouir *(fodere)* qui, pour eux, aurait fait double emploi avec fouir *(fugere)*, nos paysans disent *fouger*, mot très régulièrement formé de *fodicare*, comme *fouiller* de *fodiculare*.

Ce que faisans semblent ès coquins de villaige qui *fougent* et escharbottent la merde des petiz enfans en la saison des cerises et des guignes, pour trouver les noyaulx, et iceulx vendre ès drogueurs qui font l'huyle de maguelet. — (Rabelais, p. 191.)

Fouî. — Fuir.

I se mettit à *fouî* coume un chevau de coche.
(Burgaud des Marets : *L'Œuf d'âne*.)

Fouir, fuir, se trouve dans les textes du moyen âge. Rabelais s'en est servi.

Puys le baillarent à garder à deux archiers et, tournans bride, ne virent personne contre eulx : dont estimarent que Gargantua estoit *foui* avec sa bande. — (Rabelais, p. 76.)

Fourache ou Faurache, Sauvage, qui s'effarouche. — N'est que *farouche* renversé, disent MM. Jaubert et Beauchet-Filleau. Je l'ai cru moi aussi. Mais cette explication, quoique plausible, ne me paraît plus aussi sûre. Il me semble qu'on peut et qu'on doit rapporter *fourâche* au latin *furax*. *Fourâche* n'a jamais le sens du latin *ferox*, d'où l'on fait venir farouche. Il se dit plutôt d'un animal timide et ombrageux, d'un chat voleur *(furax)* et méfiant comme tous les voleurs ; du lièvre, animal très *fourâche* et très peu farouche, toujours sur le qui-vive, toujours prêt à s'enfuir au premier bruit.

Galer.

I m'avan dit, diâbe me *galle*,
Que vous étiez tretous pu malin que la gale,
Et jaloux coume trente jau.

On m'a dit (le diable me bâtonne !)
Que vous étiez tous plus méchants que la gale,
Et jaloux comme trente coqs.
(Burgaud des Marets.)

Galer vient de *gala*, réjouissance, qu'on prononçait *galle* au moyen âge. Génin, à qui j'emprunte cette étymologie (*Chanson de Rolland*, p. 430), ajoute : « Au figuré, *galer* quelqu'un, le faire danser, lui administrer une danse. »

Ah ! vous voilà, Phlipot la bonne bête?...
Çà, çà, *galons-le* en enfant de bon lieu.
(La Fontaine : *Le Diable de Papefiguière*.)

GARGUENAIL. — Gorge.

Mon mistû se carrait, dodinait d' la caboche,
Cloeitait dés euii coume ine coche,
'L enflait son *garguenail* keume fait in perol,
Tieû s...ot !

Mon âne se carrait, dodelinait de la tête,
Clignait des yeux comme une truie,
Il enflait sa gorge, comme fait un dindon,
Ce s...ot !
(Burgaud des Marets : *Le Meunier de Saint-Onge*.)

Garguenail appartient à la même famille que *gargate* (1), gosier, gorge, *gargouille*, *gargamelle*, etc. (V. Burguy, t. III). Aux exemples qu'il cite j'ajoute le suivant qu'il semble ne pas connaître : *gargecon* (prononcez gargueçon), gosier.

Mès se je éusse béu
Du vin de ces noces .i. tret,
Il m'éust à toz jors bien fet ;
Mès je n'en bui ne n'en gouslai.
Pour ce encor mauvais goustai.
Sachiez que li tainturiers vit
La vision que vous ai dit.
Le *gargecon* encor sec a
De grant soif qu'iluec endura.
(*Le Mariage des sept arts*, Jubinal, p. 56.)

GATER. — Synonyme de blesser. « Fasez donc attention à tieu drôle, i va s' *gâter* (se blesser ou se salir). » On le trouve employé de la sorte dans Rabelais.

---

(1) Wallon *garguète*.

Par quoy, craignant Gargantua qu'il se *guastast* fait faire quatre grosses chaînes de fer pour le lier. — (Rabelais, p. 110.)

Il s'agit de Pantagruel, enfant qu'on veut emmaillotter.

On dit encore *un chien gâté* pour un chien enragé.

GEMER, Gémir. — Est usité en Berry.

> Plurent, *giesment* chacun en soi.
> (*Piramus*, v. 139.)

GIBER, Ruer. — Est le primitif de regimber. Ce mot n'est cité ni par M. Jaubert, ni par M. Beauchet-Filleau. On trouve la forme *regiber* usitée au moyen âge.

Terence dit : « Soffrons o bon corage ce que fortune nos aporte, car folie est de *regiber* contre l'aguillon. » — (Brunetto Latini, p. 402.)

GÎTRE. — Pour gîte, avec renforcement de l'*r*, comme dans *jardrin*, pour jardin. C'était presque une habitude chez nos ancêtres de renforcer ainsi les finales en *ite, iste*.

> Le cuer en ai *tristre* et noirci
> De cest mehaing.
> (Rutebœuf, édit. Jubinal, I, p. 14.)

Et doit chascun iij. den. à paier à la Saint Jehan-*Baptistre*. — (*Livre des Mestiers* d'Est. Boileau, p. 226.)

Chascun borjois doit à nous et à noz oirs apres nous, le jour de feste de saint Jehan *Bautistre*, six deniers parisis pour la borgisie. — (*Charte de Maranwez*, 1249. — *Revue historique des Ardennes*, par Ed. Sénemaud, 1864. 1er vol., p. 280.)

Le mardi après la Saint Luc l'*Euvangélistre*. (*Livre des Mestiers* d'Est. Boileau, p. 421.)

Got. — Au lycée, les enfants jouent à la *poque* (dérivé de *poche*, d'après M. Jaubert); à la campagne, ils jouent au *got*. La *poque* ou *got* est le trou où l'on jette soit des billes, soit des noix, car l'enjeu diffère suivant les lieux : les campagnards ne jouent guère que des noix. La chose se pratique ainsi :

Les deux joueurs déposent chacun une mise égale, soit cinq noix. Les deux mises réunies sont jetées par l'un d'eux dans le *got*. Si les dix noix y tombent d'aplomb et qu'il ne s'en écarte pas une seule, celui qui a jeté gagne tout. Mais il arrive le plus souvent qu'elles se disséminent ; les unes restent dans le *got*, les autres retombent en dehors. On compte ces dernières : quand elles sont en nombre impair, le jeteur perd tout ce qui est resté dans le *got ;* le contraire arrive si c'est un nombre pair. Quant aux noix sorties du *got*, le jeteur les reprend et les lance comme les premières et dans les mêmes conditions.

Le languedocien *go* (gobelet), *gobelet* lui-même, *got* et *godet* sont de la même famille. Scheler fait venir *godet* de *guttus*, vase à col étroit, et *gobelet* du latin *cupa*, coupe.

Gouet, Serpe, couteau en forme de serpe. — Aux exemples que M. Jaubert donne de *goy*, le même que *gouet*, ajoutez le suivant, tiré de Rabelais :

Ilz commencèrent esgorgeter et achever ceulx qu'il avoit desjà meurtris. Sçavez-vous de quelz ferrements ? A beaulx *gouets*, qui sont petits demy-couteaulx dont les petits enfants de nostre pays cernent les noix. — (P. 51.)

Gouger. — Pour faire engraisser les canards, on les *gouge*, c'est-à-dire qu'on leur ouvre le bec et qu'on y fourre de la pâtée en grande quantité. *Se gouger* est synonyme de s'empiffrer. Il vient probablement du vieux français *gouge*. On appelait ainsi les filles de mauvaise vie, dont le péché mignon est la gourmandise et la gloutonnerie.

Scheler dérive *gouge* du mot judaïque *goïje*, servante chrétienne. Je crois que *gouge* et notre *gouger* viennent simplement du latin *gumia*, gourmand (Lucilius, Apulée), qui aura subi la même transformation que *vindemia*, vendange. On aura dit *gumja* (prononcez *goumja*), puis, en laissant tomber l'*m*, *gouja*, *gouje*. Comparez *couvent*, autrefois *cou(n)vent*, de *conventus*.

GRAPAUD. — Ce n'est point par hasard que les Saintongeais et les Berrichons prononcent ainsi; ils ont remarqué la démarche lourde du crapaud et ses pattes crochues et gonflées qu'on dirait engourdies par le froid comme les doigts d'un homme qui a l'onglée, qui est *grappe*. (V. ci-dessous l'étymologie de ce mot.)

Dans le Berry, *grapauder* a le sens de « s'efforcer en vain de gravir contre une montée plus ou moins raide, en s'aidant des pieds et des mains. » (Jaubert.)

« Le nom de ce hideux reptile a beaucoup occupé les étymologistes, dit Scheler. » Voici les différentes étymologies qui ont été proposées :

1° Crapaud viendrait du latin *crepare*, le crapaud étant un animal prêt à crever.

2° D'après Chevallet, du danois *groenpadde*, *groen*, vert, et *padde*, grenouille ou crapaud.

3° Diez rattache ce mot à la racine signifiant ramper, des vocables anglo-saxon *creopon,* anglais *creep,* néerlandais *kruipen.*

4° Scheler cite pour mémoire le mot *crape,* qui se rencontre dans des patois français avec le sens d'ordure. « Peut-être, ajoute-t-il, crapaud en serait-il dérivé. »

5° Un barbarisme καρφυκτός.

6° On a aussi vu dans *crapaud* l'onomatopée du léger son guttural, court, flûté, que ces animaux donnent vers le soir au temps de leurs amours.

Pour ma part, je crois peu à cette onomatopée. Après tout, c'est une affaire d'oreille : aux musiciens d'en décider.

7° Enfin, brochant sur le tout, Ménage invente ce qui suit : *repere, repare, repaldus, crepaldus, crapaldus, crapaud.*

L'étymologie que je propose (*grapaud* de *grappe,* engourdi), si elle n'est pas meilleure, n'est pas plus déraisonnable qu'aucune des précédentes.

GRAPPE (être). — Nous savons tous ce que c'est que l'onglée. Les Saintongeais connaissent la chose et non le mot, car ils ne disent pas *j'ai l'onglée,* mais *je seus grappe.* Quoique d'origine fort différente, ces deux expressions ont le même sens et représentent la même image.

Onglée se rapproche, pour le sens, plus de *uncus,* crochu, que de *ungula,* qui du reste dérive lui-même de *uncus.* En effet, quand on a l'onglée, les doigts sont *crochus,* et l'on ne peut ni les allonger ni les replier contre la paume de la main.

Par la même analogie, *grappe* vient du bas-breton *krap*, crampon, grappin. Être grappé, n'est-ce pas avoir les doigts raides et crochus, comme les crocs d'un grappin ?

A la même famille que *grappe* appartient le français *crampe*. *Grämpé*, engourdi, employé par Rabelais, sert de transition pour aller de l'un à l'autre.

Les taureaulx furieux et forcenez approchans des figuiers saulvaiges ditz caprifices s'apprivoisent et restent comme *grampes* et immobiles. — (Rabelais, liv. IV, ch. 62.)

On peut rapprocher *grappe* et le bas-breton *krap* du vieux hollandais-allemand *krapfo*, crochet, et du kymrique *crap* et *craf*.

GRESOLLE. — N'est autre que *groseille* renversé.

GRIGNE. — « Avoir une *grigne* contre quelqu'un, » lui garder rancune. Au moyen âge on trouve *graigne*, colère, souci, chagrin, que Burguy (t. III) dérive de l'allemand *gram*, fâché, mécontent.

E Jhesus lor doinst vaincre icele gent grifaigne.
Aïmers li respont, sans iror et sans *graigne* :
« Puis que le comandès, sire, coment qu'il preigne,
Les guierai-je bien et porterai l'enseigne. »
(*Chanson d'Antioche*, ch. I, str. dernière.)

GRUCHE. — Pour cruche, avec adoucissement du c. C'est une habitude qui date de loin, témoin ces vers de Ruteboeuf (1) :

---

(1) Témoin aussi ce passage de Quintilien : « La lettre ρ (r), qui donna tant de tablature à Démosthène, a pour succédanée λ (l), et ces deux lettres s'échangent aussi chez nous. *Il en est de même du c et du t, que nous amollissons en g et en d.* »—(*Instit. orat.*, 1, ch. IV.)

> S'est maigre et sèche :
> N'ai pas paor qu'elle me trèche.
> Despuis que fu nez en la *grèche* (pour crèche)
> Diex de Marie,
> Ne fu mès tele espouserie.
>> (Ruleboeuf : *Le Mariage*, t. 1, v. 37.)

Guiler, Glisser. — Vient-il de an*guilla?* « Cette an*guille* est *guilante.* »

Le raisin appelé *guilan* est doux et même un peu fade, il *glisse* dans le gosier.

Harôder. — « Je l'ai joliment *harôdé,* » c'est-à-dire je l'ai traité de la bonne manière. *Harôder* a la même racine que le *haro* normand que Diez et Burguy rattachent au vieux hollandais-allemand *hara, herot,* signifiant *ici;* latin *huc.* (V. Burguy, t. II, p. 400.)

Le vieux français *harer, harier* appartient à la même famille. Nous l'avons vu plus haut figurer dans une citation (article *Carot*).

> Mon frère Lazare....
> Ses chiens hue et *hare*....

Heule, Huile. — Cette prononciation n'a rien d'extraordinaire. On sait que les sons *eu* et *ui* se sont très souvent confondus chez nous, et il en subsiste plus d'une trace dans la langue actuelle : je *peux* ou je *puis.*

Les *Quatre Livres des Rois* donnent toujours *uelie* ou *ulie* pour huile. *Uelie* se prononçait *eulle* ou *ulle* (*ll* mouillées) et se rapprochait beaucoup de notre *heule.*

> E Samuel prist le corn od l'*uelie.*
>> (*Quatre Livres des Rois*, p. 59.)

INVENTIONNER, Inventer. — A été formé de *invention*, comme *infectionner* (Rabelais) de infection.

<small>Sus l'instant qu'elle (la chandelle) est estaincte, par sa fumée et évaporation elle *infectionne* l'aer. — (Rabelais, p. 380.)</small>

JAPÎR. — S'emploie à la place d'empoigner. *Jâpîr* est le même que *happer*.

<small>On vous *happe* notre homme,
On vous l'échine, ou vous l'assomme.
(La Fontaine : *Fables*.)</small>

Il ne faut pas oublier que les Saintongeais aspirent très fortement *ch, ge, j;* on croirait presque entendre la *jota* espagnole, — avec cette différence cependant que « la noble aspiration saintongeaise » (Burgaud des Marets) est plus profonde et plus douce que l'aspiration espagnole.

Elle part de la poitrine et non du gosier.

Ces deux vers, donnés par M. Burgaud des Marets comme spécimen de la prononciation saintongeaise :

<small>In jor, in chétit cheun japait, japait trejau
Conte in jenne jallet juché sur son juchau.</small>

doivent se prononcer de la manière suivante, en ayant soin de faire sentir l'aspiration vigoureusement et à pleins poumons partout où la lettre *h* est soulignée :

<small>In *h*or, in *h*étit *h*eun *h*apait, *h*apait tre*h*au
Conte in *h*enne *h*allet *h*u*h*é sur son *h*u*h*au.</small>

Après avoir escaladé tout cet entassement d'aspirations, tour de force qui ne peut être bien exécuté que par un pur Saintongeais, n'est-on pas tenté de dire avec l'auteur :

> Ol é pu doux que de la breiche !
> C'est plus doux que du miel !

Jau, Jallet. — Le coq s'appelait *gallus* chez les Romains. Nos paysans ont gardé le mot; mais, comme cela leur arrive souvent, ils n'ont vu dans le *g* qu'une forte aspiration, et ils disent *in hau, in hallet*, petit coq; en Berry *jaulet*. Ce diminutif se trouve aussi en italien.

> Quasi di viver Batistone stufo,
> Salta ch' ei pare un *galletto* marzuolo.
>
> Pour ainsi dire las de vivre, grand Baptiste
> Saute, comme un petit coq (jallet) de mars.
> (Lippi, xi, str., 47, cité par Génin.)

En Périgord on dit un *dzail;* en Languedoc, *gal* et *gâou*. A ce propos, l'abbé de Sauvages remarque avec raison, je crois, que de *gal*, coq, dérivent *galant, gaillard, gai*, etc.

Lessif, Eau de lessive. — *Lessif* (prononcez *lessi*) est employé par Rabelais sous cette forme *lexif*.

> Puys en frotta une partie d'huylle de noix, pour voir si elle estoyt point escripte de *lexif* de figuier. — (Rabelais, p. 165.)

Licher, Licheur, Licherie. — S'emploient comme synonymes de : être gourmand, gourmand, gourmandise. Ils se trouvent tous avec le même sens chez nos plus vieux auteurs. Et à ce propos je remarque que nos aïeux qualifiaient souvent de *glout*, de *glouton*, de *licherres* et de *licheor* les gens qu'ils méprisaient (1). Rien d'étonnant qu'ils aient appelé *gouges* (gourmandes) les filles de mauvaise vie. (V. plus haut *Gouger*.)

Lièdre, Lierre. — On sait que *lierre* est pour *l'hierre*, comme *lendemain* est pour *l'endemain*. La forme adoptée par nos paysans reproduit mieux le latin *hedera* que le mot *lierre*. — Génin signale à ce propos la transformation, parmi le peuple de Paris, du mot *évier*, qui tend à devenir le *lévier*. Je puis citer un fait analogue et aussi curieux. Bien des marins appellent *la Lionne* le transport à vapeur *l'Yonne*. — Bizarre procédé dont on trouve la contre-partie dans la formation du mot *boutique*. Quand on disait *l'apoutique* (de *apotheca*), puis, en adoucissant, *l'aboutique*, on a cru qu'il fallait écrire *la boutique*, et cette fois l'article s'est emparé de la première voyelle du nom suivant (2) au lieu de se laisser absorber par elle, comme cela s'est passé dans les mots *le lendemain*, *le lierre*, pour *l'endemain*, *l'ierre*.

Longe. — Longue.

'Lat in cou de perot et les gigues trop *longes*.

Elle a un cou de dindon et les jambes trop longues.
(Burg. des Marets : *Me marirai-ji, me marirai-ji pas?*)

---

(1) Et ces épithètes ne sont pas triviales, comme on pourrait le croire, car elles se trouvent en pleine chanson de geste, dans la bouche de Rolland et des barons du roman de Raoul de Cambrai, et non pas seulement dans celle des gens du peuple.

(2) C'est par un procédé semblable, dit Génin, que l'*Aquitaine* a formé la *Guienne*.

Et volez savoir cum *longe* parole il (Dieu) fist brief, et cum brief il la fist? — Ju aemplis, ce dist ceste parole, et le ciel et la terre. — (*Sermons de saint Bernard*, p. 535.)

Mais, Plus. — S'emploie dans toutes les acceptions du vieux français *mais* : « *i n'en peut mais* (comparez La Fontaine); » — « *i n'ou f'ra pas mais*, » il ne le fera pas désormais.

Ce mot, ainsi employé, m'offre l'occasion de rectifier un passage de la *Vie du Pape saint Grégoire le Grand,* passage abandonné par M. Littré, *locus desperatus.*

« Je n'ai pas non plus, dit M. Littré (*Histoire de la langue française*, t. II, p. 249), malgré beaucoup d'efforts, réussi à deviner quelle était la bonne leçon dans ce passage où la comtesse se remet entièrement à Dieu :

> E dist : « Deu, père tot puissant,
> *Di ço esmais* el tien coment,
> M'arme e mon cors, sire, à tei rent. »

« .... J'ai conjecturé *des oremais,* bien que cela s'éloigne notablement de ce qui est dans le texte. »

Pour moi, je ne change pas une seule lettre du texte, mais je l'écris ainsi : *d'iço ès mais*; littéralement : de ce (moment) à plus, désormais.

Manquerot, Manchot. — De *mancus* sont dérivés le vieux français *manque* (adjectif) (Olivier de Serres), *manquet, ette* (Palsgrave), et enfin notre *manquerot.*

Marmot. — Quoique ce mot soit français et n'appartienne pas exclusivement à la Saintonge, je crois devoir en donner l'étymologie. Celle qu'en donne Scheler ne me satisfait pas.

Marmot n'est pour moi qu'un diminutif de *marme*, usité au moyen âge pour *mon âme*. Peut-on douter que cette douce expression ait dû se trouver de tout temps dans la bouche de toutes les mères ?

Ceci m'amène à la locution populaire de *croquer le marmot*. Génin, dans ses *Récréations philologiques*, en donne une explication ingénieuse, mais peu concluante. *Faire croquer le marmot*, c'est faire attendre quelqu'un très longtemps et souvent très inutilement. Le demandeur ainsi traité se trouve exactement dans la position du loup de la fable, qui prend à la lettre les menaces de la vieille femme à son nourrisson, et qui est assez sot et assez patient pour attendre toute une journée (jusqu'au soir, dit Ésope) le moment où il lui sera enfin permis *de croquer le marmot*.

Il est probable que c'est la fable de La Fontaine qui aura donné naissance à cette expression, qui toutefois pourrait bien dater de plus loin, car longtemps avant La Fontaine on riait de la mésaventure du loup, témoin le dicton picard cité par le fabuliste lui-même :

> Biaux chires leups, n'écoutez mie
> Mère tenchant son fieux qui crie.

MARRE, MARROCHONS (1). — Pic de terrassier.

---

(1) A rapprocher de *marra*, en espagnol et en portugais marteau, et du vieux français *marer*, frapper comme avec un marteau. — (V. Burguy, t. III : *Marer*.)

Duquel faisant lever les fossés, toucharent les piocheurs de leurs *marres* ung grant tombeau de bronze long sans mesure. — (Rabelais, p. 5.)

Ilz emportoyent ensemble des *marrochons*, des pioches, cerfouettes, beches, tranches et aultres instruments requis à bien arborizer. — (Rabelais, p. 44.)

MATONS (à). — Quand on prépare les crêpes du mardi-gras, la ménagère recommande fort à sa servante de bien délayer la farine dans un mélange d'eau et d'œufs battus. « Prenez bien garde qu'elle ne soit tout *à matons*, » lui dit-elle; c'est-à-dire qu'elle ne se forme en petites boules de pâte.

Le vieux français disait *emmati*, en parlant de la terre humide et mal délayée, qui se coagule et forme des grumeaux mous et épais.

Après les pluies de l'automne, sera le vrai poinct de mettre la main à l'œuvre; d'autant que lors aura on bon marché de rompre les prairies pour la commune faiblesse de l'herbe et de la terre, l'une *emmatie* (en matons), et l'autre humectée par l'arrivée des froidures et humidités. — (Oliv. de Serres, t. 1, p. 102.)

L'éditeur (édition en deux volumes, 1804 (an XII), imprimerie et librairie Huzard) traduit *emmati* par desséché et le fait venir de *emaciatus*. C'est un contre-sens. Comment se fait-il que la terre soit desséchée quand l'herbe est humectée, et cela pendant les pluies d'automne? *Emmati* serait ici exactement rendu par *détrempé, devenu pâteux*.

En Languedoc *amati*, défaut du pain qui n'est point levé, qui n'a point d'yeux, et qui est par conséquent dense et indigeste (de Sauvages). En Saintonge, on dit *glati*.

L'expression *à matons* se retrouve, mais légèrement modifiée, en Berry, où l'on dit : « cette farine est tout à matrons. »

Sauf de légers changements, le même mot sert donc en Languedoc, en Saintonge et en Berry. On pourrait rapprocher *maton* du bas latin *matonus*, brique, cité par Ducange. La brique n'est pas autre chose que de la terre *mise en pâte* et cuite.

Maton était employé au moyen âge pour désigner le lait caillé.

ROGAUS.

Il n'est si bonne viande que *matons*.
(*Li Jus du pèlerin*, p. 100.)

Dans Palsgrave, p. 211, *mattes* est traduit par *cruddes of milke*, grumeaux de lait.

Méerinne, Marraine. — Péerin, Parrain.

Et sa *marrinne* en est moult adolée.
(*Le Roman de Jourdain de Blaye.*)

Ses *pairins* fu l'evesque de Biauvais.
(*Raoul de Cambrai*, p. 3.)

La prononciation saintongeaise se rapproche plus que la française des mots *père*, *mère*, qui ont formé *parrain*, *marraine*.

Meler. — Usité dans le Poitou et dans la Saintonge. Les campagnards ont l'habitude de couper des quartiers de pommes et de les faire *meler*, c'est-à-dire sécher au soleil ou dans le four. On dit : « des pommes *melées*, » sèches et *ridées*; « cette vieille a la figure toute *melée*, » desséchée et *ridée*. On voit par ces exemples la véritable signification du mot *meler*.

D'un autre côté, on appelle *mêle* le fruit du *néflier*. La *mêle* sortant de l'arbre n'est pas mangeable. Pour qu'elle soit à point, il faut faire comme pour le gibier, il faut, en quelque sorte, la laisser faisander. Elle se ramollit peu à peu, diminue de volume et *se ride*. Alors on la mange.

Par analogie on aura dit des fruits qu'on faisait dessécher, ils sont comme les *mêles*, ils sont *melés*.

Mêle vient du latin *mespilus*, nèfle ou néflier.

Meuriéner.

> Au biâ mitan dau pré qu'arrouse la Beuloère
> In jor dés oye *meuriénian*.
>
> Au beau milieu du pré qu'arrose la Beloire,
> Un jour des ouailles (brebis) faisaient la sieste, faisaient leur *méridienne*.
> (Burgaud des Marets : *Le Loup et l'Agneau*.)

Meuriéner est pour *méridiéner*, et descend à son insu du latin *meridies* par l'adjectif *meridianus*. *Meriene* (prononcez *meuriene*) se trouve dans les *Quatre Livres des Rois*.

> Entre ces affaires, li reis David a un jor levad apres *meriene*; si alout esbaniant en un solier, et vit une dame qui se baignout en un solier de l'altre part; si fud durement bele. — (P. 154.)

Meux, Mieux. — Usité au moyen âge sous la forme *melz* (*Chanson de Rolland*) et *meuz*.

> Pur *meuz* hunir la nostre lei.
> (*La Vie des set dormanz.*)

Moinfier (se) et Mainfier (se). — Est pour se méfier. C'est un vrai latinisme, car on sait que les Latins employaient souvent *minùs*, moins, pour *non*. C'était une négation adoucie ou ironique.

<small>Nonnumquam ea, quæ prædicta sunt, *minùs* eveniunt. — (Cicéron : *Div.*, 1, 14.)</small>

<small>Themistocles, quum *minùs* esset probatus parentibus quod liberiùs vivebat, etc. — (Corn. Nepos : *Vie de Thémistocle*, ch. I.)</small>

Les lignes qui précèdent étaient écrites et avaient été lues devant la Société archéologique de la Charente, quand j'eus la bonne fortune de mettre la main sur la Grammaire de la langue d'oïl de Burguy. Et en la lisant j'ai pu voir que j'avais rencontré juste. Je cite le passage en entier, parce que, s'il me donne raison, l'exemple que je cite du *moinfier* ou *mainfier* saintongeais donne raison à son tour à Burguy, lorsqu'il fait venir la particule péjorative *mes* du latin *minus*. Et, à ce propos, il me semble que l'autre particule péjorative *bes* (prononcez *bé*), *bestens*, mauvais temps (*Livre des Mestiers* d'Est. Boileau), *bestourné*, *bévue*, etc., peut et doit se rapprocher de *mes* venant de *minus*. Peut-être l'une est-elle une corruption de l'autre, car le *b* et le *m* ont entre eux une affinité phonologique très marquée.

« Tous ceux de nos lexicographes qui se sont occupés d'étymologie prétendent que le préfixe *mé* des mots *médire*, *méfaire*, *méfier*, *méconnaître*, *mécontent*, etc., est là pour *mal*, qu'on retrouve en entier dans les mots *maudire (maldire)*, *maltraiter*, *malcontent*, etc. Cette origine commune attribuée à deux classes de composés bien distinctes l'une de l'autre, et par la signification et par la forme, choque le sens commun, et l'on a lieu de s'étonner que personne n'ait encore attiré l'attention sur ce point. Outre l'erreur qu'ils ont commise touchant le plus grand nombre des composés de la préfixe *mé*, quelques lexicographes se montrent encore inconséquents avec eux-mêmes en donnant, en certains cas, une origine différente à *mé*. Ils dérivent, par exemple, les mots *mépris, mépriser*, de *minus pretium, minus pretiare*. Pourquoi donc ici *minus* et autre part *mé* = *mal* ? Il aurait fallu, du moins, donner les raisons qui ont déterminé à ne voir pas, dans le *mé* de *mépriser*, le *mal* qu'on croit trouver ailleurs.

« La préfixe *mal (mau)* dérive du latin *male* ; la préfixe *mé* tire son origine du latin *minus*, qui se trouve déjà contracté en *mis* dans les écrits latins de la fin du VIIIe siècle : *misfacere, misdicere*. Les Espagnols et les Portugais ont conservé la forme grammaticale primitive de *minus* dans *menos* ; les Italiens ont adopté *mis* ; les Provençaux, *mens, mes* ; les Français, *mes*. *Mes*, qui s'est maintenu dans les mots où le simple commence par une voyelle, est, dans le fait, la véritable forme de notre préfixe, et c'est sans doute faute d'avoir remarqué cette circonstance que les lexicographes ont été induits à regarder le *mé* moderne comme une autre orthographe de *mal (mau)*. » — (Burguy, t. II, p. 150.)

La démonstration de M. Burguy se suffit à elle-même, et certainement elle n'avait pas besoin du surcroît d'évidence que vient lui apporter l'exemple *(moinfier = minus fidere)* tiré du patois de la Saintonge. Il est très probable, cependant, que si

M. Burguy l'eût connu, il l'eût présenté à l'appui de sa thèse.

Mongette, Haricot. — Ce légume a dû être pendant longtemps la nourriture principale des moines et des nonnes pendant le carême. Peut-être faut-il voir une allusion à ce fait dans l'emploi du mot *mongette*.

Mongette usité, avec la désinence méridionale, dans le sud de la France, est inconnu au Berry et au Poitou.

Autrefois on appelait *monges* les moines et les nonnes.

Mors, Morsu. — On trouve *mors*, mordu, dans les vieux auteurs.

> Celluy qui, à Romme, est en la voye Flaminie enterré, lequel en son épitaphe se complaint estre mort par estre *mords* d'une chatte au petit doigt. — (Rabelais, p. 366.)

> Adonc respondi l'espousée :
> Je ne vous ai pas *mors* aussi.
> (Clém. Marot, cité par M. Gaston Paris.)

Motte. — Souvent nos paysans appellent *mottes* des hauteurs isolées, autrefois dominées par des châteaux ; par exemple la *Motte-à-Coaron*, entre Chalais et Brossac.

C'est encore un mot de la vieille langue. — (Voir Burguy, t. III : *Motte*.)

> Tuit chaplèrent sor Aristote,
> Qui fu fers cum chastel sor *mote*.
> (*La Bataille des sept arts.*)

Par assaut prist chasteus, *motes* et fermetez,
Et burs et viles arsl, et asailli citez.
(*La Vie de saint Thomas le martyr*, par Garnier de Pont-Sainte-Maxence.)

Musset. — Petite mouche qui *se fourre* partout, — dans les appartements pour tourmenter les dormeurs, — et surtout dans les fûts à l'époque des vendanges. Aussi dit-on d'un ivrogne qu'il ferait un bon musset.

Ce mot vient-il de *mussare*, bourdonner, ou de *se musser*, se cacher, se fourrer dans un lieu retiré, ou du bas-breton *musa*, flairer, sentir, — écornifler, vivre aux dépens d'autrui?

Naveau. — Navet.

On l'eschauffa d'ung parfum de *naveau*.
(Rabelais : *Fanfreluches antidotées*.)

Dans la série de mets offerts à messer Gaster, Rabelais fait figurer un *plat de venaison sallé aux naveaulx*. (P. 436.)

Neut, Nuit. — Les sons *eu* et *ui* se sont souvent confondus; l'exemple le plus frappant est celui de je *peux* et je *puis*.

Oiez, barons, feit Charles à la barbe florie,
Trois *nuet* (prononcez *neut*) l'une après l'autre que ne dormoie mie.
(*La Conquête de l'Espagne par Charlemagne.*)

Nic, Louc, Nid, Loup. — Ce *c* euphonique est assez bizarre; mais ce qui ne l'est pas moins, c'est l'*f* finale adoptée par Brunetto Latini pour les mêmes mots.

Je ne pouvais pas mieux tomber que sur le passage suivant, où ces deux mots se trouvent réunis :

Torterelle... son *nif* cuevre de foilles d'esquille por le *louf* qu'il ne touche ses faons. — (Brunetto Latini, p. 220.)

Le *c* final de *nic*, quoique irrégulier, a cependant formé le français *dénicher*. (V. plus haut *Déniger*.)

Nore, Bru. — La *nore* de la Saintonge est la *nurus* des Latins. En Languedoc *nôro*.

Oinces. — Les jointures des doigts.

Mais je dirai cela de luy qu'il ha bien les plus dures *oinces* (jointures des doigts, — l'éditeur traduit à tort par *ongles*), qu'oncques je senty sus mes épaules. — (Rabelais, p. 362.)

Onte, d'onte, Où, d'où. — Du latin *unde*.

Je vous remets à la grande chronique pantagrueline à cognoistre la généalogie et antiquité *d'ond* nous est venu Gargantua. — (Rabelais, p. 47.)

La rue par *ont* l'on vait dau chateau vers l'église Sainte-Katerine. — (*Charte rochelaise*, 1270. — *Bibliothèque de l'École des Chartes*, année 1858.)

Oronge. — « Nom vulgaire d'une certaine espèce de champignons qui croît surtout dans le midi de la France. » — *(Dictionnaire de l'Académie.)*

Ce champignon est presque toujours très arrondi et d'un rouge doré. On peut conjecturer que sa forme et sa couleur lui ont valu le même nom que l'orange. Je dis le même nom, car ce n'est qu'une variété de prononciation. *An* sonnait *aun* ou *on* du temps de Gautier de Bibelesworth, du moins dans la bouche des Français qui relevaient du roi d'Angleterre. « R. 36. *Quant, grant, demandant, sachant* et autres semblables s'écrivent par *n* sans *u*, mais il faut faire sentir l'*u* dans la prononciation. » — (Gautier de Bibelesworth, cité par Génin dans son introduction à la Grammaire de Palsgrave.)

C'est-à-dire qu'on prononçait *quaunt, graunt*, etc., comme on le voit figuré soit dans Gautier lui-même : *Fraunceys, neyssaunce, kaunt*, etc., soit dans les manuscrits anglo-normands. Cette prononciation s'est conservée dans le Poitou, où l'on dit *bionche, geonre, Flioronce*, pour *blanche, genre, Florence.*
Exemples :

La Gente poetevin'rie. — Poeters, pre *Jon* Fleurea (par *Jean* Fleureau).

<pre>
    Otou les escuevins, qui fasiont la roue
    Et se pavoniont queme o fant les perrot
    Quond glavant tout lou sau de gren dons lou carrot.
        (Gente poetevin'rie. — La moirie de Saint Moixont, p. 8.)
</pre>

<pre>
    Les échevins aussi, qui faisaient la roue,
    Et se pavanaient comme le font les dindons,
    Quand ils ont tout leur soûl de grains dans leur écuelle.
        (.... La mairie de Saint-Maixent.)
</pre>

Rien d'étonnant que nos Saintongeais aient pris aux Poitevins le mot *oronge*, comme ils leur ont pris *fonteisie*, fantaisie ; *retonti*, retentir. On gagnait à cela de ne pas confondre le champignon qui porte ce nom avec l'orange proprement dite. C'est un fait analogue au double emploi de *attacher* et *attaquer*.

Oué, Voué, Oui. — *Oué* n'est pas *oui* mal prononcé, comme on serait tenté de le croire ; c'est le

— 72 —

latin *verum*, vieux français *voire*, *voyre*, que Palsgrave traduit par *ye*, c'est-à-dire *yes*. L'*r* final est tombé, comme dans *arrié*, *rié*, pour *arrière*.

WARNES.

Oue (prononcez *oué*) donne-li une buffe;
Je sais bien que c'est .j mais hom.
(*Li Jus du pélerin*, édit. Fr. Michel, p. 99.)

Ouiller. — « C'est remplir une barrique, l'entretenir pleine ; et, au figuré, *ouiller* quelqu'un, c'est le gorger de nourriture. » (Beauchet-Filleau : *Glossaire poitevin*.)

Et des queulx vins trouvez à Bourg en a esté employé une pipe pour *aouiller* les autres. — (*Inventaire des meubles de Marg. de Rohan, comtesse d'Angoulême*, 1497, publié par M. Ed. Sénemaud. *Bull.* de la Société archéologique et historique de la Charente, 1860.)

Paon. — Dissyllabe.

Mais qu'i ne fussian pas, n'en seu sûr, huguenot,
Et qu'o fusse tieû jor in s'madi de careime,
Les bigres croquiyan noût *paon* tout de meime.

Quoiqu'ils ne fussent pas, j'en suis sûr, protestants,
Et que ce fût ce jour-là un samedi de carême,
Les bigres (il s'agit de chiens) croquèrent notre paon tout de même.
(Burgaud des Marets : *La Pie affublée des plumes du paon*.)

Paon était dissyllabe aussi autrefois.

Bretiaus s'est vantés k'à Diu s'en ira,
Plus que tout li autre l'esbaniera :
Il fist le *paon*, se braie avala ;
Celui de Beugin trestout porkia.
Dïex en eut tel joie, de ris s'escreva,
De se maladie trestout respassa.
Et per lidoureles vadou vadu vadourenne.
(*Chansou en l'honneur d'Arras*, édit. Fr. Michel, p. 23.)

PARÇOUNIER, Copartageant. — (V. Beauchet-Filleau ; *Glossaire poitevin*. — *Parson, Parsonnier.*)

> Sunt esperiz ki de nous mainent près
> En l'air, entre la terre e la lune :
> Od les angles und nature commune,
> E *parcunière* sunt d'umanité.
> (*Les Prophéties de Merlin*, par Helyas.)

PASSIÈRE. — Nom du moineau femelle. Ne vient pas directement de *passer*, qui aurait fait *passe* ou *paisse*, ou encore *praisse* ou *prasse*, par suite de la métathèse si fréquente dans les mots où entre la lettre *r*, ni de *passerculus*, qui aurait donné *passercle* ou *passiercle*, mais peut-être d'un type *passereus*, comme vautour de *vultureus*.

PATIENTEMENT, Patiemment. — On sait que les adverbes en *ment* sont formés d'un adjectif féminin et du latin *mens, mentis*. Ainsi, *bonnement* est pour *bona mente*. C'est pour obéir à cette règle que nos paysans disent *patientement*, en mettant *patient* au féminin. Il est vrai qu'en se conformant à cette règle ils en violent une autre qui pendant longtemps fut observée par nos vieux auteurs. Je veux parler de cette règle d'après laquelle tout adjectif dont le primitif latin n'avait qu'une terminaison pour le masculin et le féminin restait invariable : *grand mère, grand route*. — (V. Génin.)

Le français en gardant *patiemment* s'est au contraire conformé à cette seconde règle.

Patientement se trouve chez Marguerite de Navarre, notre compatriote, dans les lettres de laquelle on trouve plus d'une trace du parler de la Saintonge.

Il vous despart de l'espérience des peines qu'il a portées pour vous, vous donnant d'aultre part la grace de les porter *patientement*. — (*Nouvelles Lettres*. édit. Génin, 1842.)

En quoy vous entendez la grace que nostre Seigneur luy fait de porter toutes chouses si *pacientement* et vertueusement. — (*Ibid*. p. 45.)

Peur, Pre. — Pour.

Li rois Marsiles a fait sa jant partir,
En deux moitiez chivauchier et tenir,
Les .x. retient *per* son cors garantir.
(Introduction à la *Chanson de Rolland*, édit. Fr. Michel, p. LXVI.)

Peurmeloge, Promeloge. — On appelle *peziâ, freises peurmeloge* ou *promeloge,* les pois, fraises de primeur. Et, « au figuré, l'on dit d'un enfant qui est venu au monde avant les neuf mois révolus depuis la célébration du mariage, *qu'ol est in peurmeloge*. » (Beauchet-Filleau.) N'est-ce pas un composé de *primus locus,* qui pousse en premier lieu ? Cette étymologie a exercé la sagacité de M. Jaubert ; peut-être, s'il eût connu l'expression saintongeaise et poitevine, eût-il trouvé l'étymologie de *primus locus,* qui se présente d'elle-même. En Berry on dit *pommeroge, primoge*.

M. Jaubert y est revenu à deux fois : dans le premier supplément (article *Pomme-roge*) il propose l'hypothèse de *pomme-rouge,* mais ne conclut pas ; dans le deuxième supplément il revient à *primoge,* et se demande si ce mot n'est pas formé de *primogenitus*. Cette ingénieuse étymologie, bonne pour le sens, ne me paraît pas suffire pour expliquer la forme même du mot.

PEURVILÈGE, Privilége. — Chez nos paysans *pri* se change facilement en *peur* et en *pre* : *peurmeloge* (primeloge), etc.

> Lan mil cinq cens el dixsept.
> Franchise de Benays fut au net.
> Mise par François roy de France.
> Qui leur bailla ceste allegence.
> En confirmant leur *privilège* dõne.
> Par Charlemagne ēpereur corõne.
> (Inscription qui se lit encore dans la nef de l'église de Benays.)

PEZA, PEZIA, Pois. — Les Languedociens disent *pëzë*, et les Berrichons *pezettes*.

Le français *pois* dérive régulièrement du latin *pisum*. *Peziâ*, *pëzë*, *pezettes* viennent du diminutif probable *pisellum*.

PIAUX. — Ce mot sert à désigner les poils ou les cheveux. Il s'est formé du vieux français *pel*, poil, du latin *pilus*. *Pel* se prononçait *peu* ou *pau* devant un mot commençant par une consonne. L'insertion du son mouillé a empêché nos paysans qui s'en servent de le confondre avec peau.

PIGOCER. — Est pour *picoter*, et se dit des oiseaux. Quand plusieurs enfants veulent jouer à certains jeux et que le sort doit désigner celui qui aura le mauvais rôle, l'un d'eux fait mettre ses camarades en cercle autour de lui, puis il commence à chanter. Il marque vivement la mesure et frappe du

— 76 —

doigt chacun des assistants, de manière à les passer tous en revue. Celui qui se trouve atteint par le doigt fatal au moment où finit la dernière mesure est la victime. Le chanteur est toujours assez habile pour faire tomber le sort sur un autre que sur lui. Voici deux des chansons les plus usitées en pareille circonstance :

> Une poule sur un mur,
> Qui *pigoce* du pain dur,
> *Pigoci, pigoça,*
> Trousse la couette, et puis s'en va.

Les Bourguignons (Ch. Nisard, p. 147) la connaissent et disent *picoter* au lieu de *pigocer*. On peut rapprocher de ce mot le bas-breton *pigosa*, cogner, frapper fort; le languedocien *picassa*, le berrichon *picocher*, même sens que notre *pigocer* (1).

La seconde chanson est une véritable formule de malédiction. Je ne me rappelle que la fin : il y a vingt-cinq ans que je ne l'ai entendu chanter.

> ....
> La caill'bottine,
> Te romp' l'échine !
> Trougnon de chou,
> Te romp' le cou !

Mais c'est une malédiction peu redoutable. La *caillebotine* est encore plus inoffensive et moins dure qu'un trognon de chou, car ce n'est que du lait caillé.

---

(1) La racine *pic*, pointe, dit Scheler, est fort répandue dans les langues de l'Europe.

PILLERIT (prononcez *piyerit*). — Est un des noms du moineau. C'est une onomatopée, comme le bas-breton *filip*. Peut-être faut-il y voir aussi une allusion aux habitudes de cet effronté qui *pille* sans scrupule le meilleur de nos blés.

PIRE, S'ÉPIRAILLER. — On appelle *pire*, *pirotte*, le foie et ses accessoires qui, réunis et suspendus à l'étal des bouchers, ont la forme d'une poire renversée. Ce mot viendrait-il du latin *pirum*, poire?

PLÉGÉE, Pliée. — « Une *plégée* de toile. »
Le *g* de ce mot vient du *c* de *explicare*.

POPULOT, POPILLON. — Est le nom du peuplier, en latin *populus*. Les Berrichons disent *pouple*, *poupe* et *popelier*.

POTET. — C'est le nom du pot à l'eau.

A l'issue de table, il distribua à chacun d'iceulx tout le parement de son buffet, qui estoit au poys de dix huict cens mille quatorze besans d'or, en grandz vases d'anticque, grandz potz, grandz bassins, grandes tasses, couppes, *potetz*, candelabres, etc. — (Rabelais, p. 88.)

POUNE, POUNON, PONNE, PONON. — Désigne le cuvier où l'on dépose le linge qu'on passe par la lessive. Je crois que c'est une onomatopée comme *tonne* et *tonneau*. Frappez ces larges cuviers quand ils sont vides, et vous verrez comme ils sont sonores.

Peut-être préférerait-on faire venir ce mot de

— 78 —

ponere, placer, poser, parce qu'on pose le linge dans la *ponne*. On peut objecter que si tous les meubles où l'on *dépose* soit du linge, soit autre chose, devaient tirer leur nom de *ponere*, le nombre en serait immense.

Poure. — Dérivé du latin *pavor*, est la contraction du vieux français *paour;* de là vient *épouranti*, épouvanté.

Pruzon. — Est synonyme de démangeaison et vient du latin *prurio*, éprouver une démangeaison. En Languedoc *pruzi*.

Quener, Quenaye. — *Quener* répond au français *vagir;* c'est une onomatopée. Il a donné naissance à *quenaye, quenayon*, petit enfant, *infans*.

Quener a formé le français *quenottes*, que Scheler ne sait à quoi rattacher. L'époque où l'enfant *queune*, vagit le plus, est l'époque de la pousse des dents, que nos paysannes appellent *quenottes* ou *rates* (a bref), dents de rat.

On peut rapprocher *quenaye* du tudesque *knabe*, jeune garçon, et surtout du kymrique *kenaw*, enfant, fils. (V. Ch. Nisard : *Curiosités de l'étymologie*. p. 297.)

Queneutre, Requeneutre. — Connaître, reconnaître.

Comme je feisse moleste et aucunes demandes à religieux hommes.... *requenois* qu'il ont toute justice. — (*Cartul. de Saint-Père de Chartres*, année 1316, p. 736.)

Avecques ce je *quenois* qu'il ont fait de leur droit les édifices. — *(Ibid., ibid.)*

RABE. — Rave.

Quelle civette ! Au diable soit le *mascherabe* (mâcherave), tant il put. — (Rabelais, p. 113.)

RATES. — « Cet enfant a de jolies petites *rates* (dents). » Il semble d'abord que ce mot devrait avoir la même racine que *râteau, râtelier;* mais en Languedoc, où l'on dit *rastel,* râteau, on ne dit pas *rastos,* mais *ratos, ratëtos, ratoûnos, ratoûnëtos,* pour indiquer ce que les Berrichons et les Saintongeais appellent des *rates.*

« Par *ratëtos* on désigne les deux dents incisives du milieu de la mâchoire, tant celles du haut que celles du bas. Elles poussent les premières aux enfants et ressemblent par leur nombre et leur situation à celles des rats, d'où est tiré ce diminutif *ratëtos.* » — *(Dictionnaire languedocien-français,* par M. L. D. S. (l'abbé de Sauvages), 1785.)

Je n'ai jamais visité les dents d'un rat et je ne sais si l'explication qu'on vient de lire est exacte. Mais ce qui prouve encore que ce mot *rate* vient de *rat* et non de *râteau,* c'est qu'il garde l'*a* bref.

RATI. — Mordu par les rats.

Peûris-tu me preité tant set peu d'gigouril,
De la mique, dau pain *ratit*....
(Burgaud des Marets : *La Cigale et la Fourmi.*)

Li rois Phelippes establi que les talemaliers demorans dedans la banlieue de Paris peussent vendre leur pain reboulis... si come leur pain *raté,* que rat ou souris ont entamé, pain trop dur, etc. — *(Livre des Mestiers* d'Est. Boileau, p. 16.)

Rège. — « Les *règes* de tieu champ sont bein drètes. » *Rège*, sillon, indique toute ligne tracée en creusant. On dit la *rège* du dos en parlant du sillon qui commence à la nuque et suit l'épine dorsale.

Rège vient du latin *regio*, ligne; en Languedoc *rëgo*, trait fait avec une plume, sillon; dans la langue romane *rega*.

Le diminutif de *rège* est *régeon*. Dans le Berry on se sert également de ces termes.

Nos paysans disent aussi un *sillon*, mais ils n'attachent pas à ce mot le même sens que nous, car ils font observer qu'il faut *deux règes* pour faire *un sillon*. Les *sillons* sont donc pour eux ces longues arêtes que forme la terre en retombant de chaque côté du soc, et non pas, comme le veut l'Académie, *ces longues traces que le soc, le coutre de la charrue fait dans la terre qu'on laboure*. Je dois dire que les Saintongeais ne sont pas seuls de leur avis et qu'ils peuvent citer leurs autorités.

En la Beausse et ailleurs les terres sont divisées par *grands sillons de cinq à six pas de large, enfermées au milieu de deux lignes parallèles,* la terre d'entre-deux emmoncelée en voulceure ou rond, pour vuider l'eau des pluies ès costés et parties basses. — (Olivier de Serres, t. 1, p. 110.)

On voit, en lisant ce passage, qu'Olivier de Serres entend par sillons les parties bombées et non les parties creuses d'un champ labouré. Sa définition est exactement la même que celle des laboureurs de la Saintonge.

Ren, Ben, ou Reun, Beun, suivant que l'euphonie l'exige. — Rien, bien.

Marguerite de Navarre, fidèle à la prononciation angoumoisine, disait et écrivait *ren*.

Je ne puis *ren* mander de la court, car depuys vostre parlement je n'en ai eu une seule lettre. — (*Lettres*. p. 246.)

RHEUME. — Rhume.

Afin que madame ne treuve estrange ma demourée, luy dites que j'ay ung *reume* si grant, que j'en ay esté comme enfremée (malade, de *infirmus*).—(*Lettres de Marguerite de Navarre*, p. 226.)

RI, Ruisseau, du latin *rivus*. — La syllabe accentuée seule est restée. Dans d'autres provinces on dit un *rui* en renforçant l'*i*, comme *lui* pour *li*. De là le nom propre Duruy.

RINGER. — « Quand les bœufs ne *ringeant* pas, l'est signe qu'i se portant pas beun. » C'est-à-dire quand les bœufs ne ruminent pas, etc. *Ringer* est la reproduction exacte du verbe *ringi*, écarter les lèvres en grinçant des dents.

On peut objecter que *ringi* aurait formé régulièrement *reindre* et non *ringer*. Mais cette règle n'est pas absolue, et la preuve c'est que *gemere*, qui n'aurait dû former que *geindre*, a formé aussi le français *gémir* et le saintongeais *gemer*. Il n'est donc pas extraordinaire que *ringi* ait formé *ringer*.

De là vient le berrichon *rouinger*, qui a substitué le son plein *ouin* au son grêle *in*.

J'étais tout d'abord porté à faire venir le français *ronger* de *ringi*, mais l'étymologie proposée par Diez est évidemment meilleure.

La voici telle que la rapporte Scheler :

« *Ronger*. — Ménage pose le type *rodicare* (rodere)

avec insertion de *n*. Cette insertion n'étant pas usuelle en français devant les palatales, Diez juge préférable d'identifier *ronger* avec l'espagnol et le portugais *rumiar*, provençal *romiar*, qui est le latin *rumigare*, ruminer ; cette signification de ruminer était anciennement propre aussi à notre mot français *ronger*, et les chasseurs disent encore : « le cerf fait le ronge, » c'est-à-dire il rumine. »

Au lieu de *ronger*, les Saintongeais disent *rouger*, qui vient lui aussi de *rumigare* (rou(m)ger, rouger), ce qui confirme l'étymologie de Diez.

Riorte. — Encore un mot rustique qui vient du latin. Les Berrichons disent une *riotte*. D'après M. Jaubert (article *Riotte*), on désigne par là un lien de bois, une menue branche propre à faire des liens. Cela est vrai pour les liens des fagots, mais nous désignons encore sous ce nom toute espèce de lien végétal, les liens des gerbes, par exemple. Ce nom leur vient non de ce qu'on les *tourne* autour de l'objet qu'on veut lier, comme Burguy semble le croire, mais de ce qu'on les *tord* pour leur donner plus de force.

Je suis de l'avis de Roquefort, qui fait venir *riorte* du latin *retorta*, littéralement *retordue*.

Ailleurs, en Vendée, on dit *réorte*, qui se rapproche plus de la forme latine : Saint-Médard-la-Réorte, — en latin du moyen âge, *Sanctus Medardus de Retortâ* (diocèse de Luçon) (1).

Il est tout naturel que nos paysans aient dit

---

(1) Observation due à Mgr Cousseau, évêque d'Angoulême.

riorte pour *réorte,* car chez eux, comme chez la plupart des gens du peuple en France, il y a tendance à substituer le son *i* au son *é* toutes les fois que *é* est suivi immédiatement d'une syllabe sonore (1). Ils disent en effet *Liandre, lians, cians,* — comme les Allemands, qui disent *Napolion, baccalauriat,* — pour Léandre, céans, léans, etc. C'est que dans ces mots *é* s'appuie toujours sur une syllabe sonore.

Les deux formes *réorte, riorte* étaient usitées concurremment au moyen âge. — (V. Burguy, t. III.)

Les *riortes* des gerbes de blé sont faites avec de la paille de seigle. Pour leur donner plus de force et de souplesse, on laisse le seigle, dont on a préalablement enlevé les épis, tremper dans l'eau pendant quelques heures. On a remarqué que le seigle ainsi préparé offre une paille moins cassante que celle du blé.

Riper, Ripes. — « Le pied m'a *ripé,* et je seus tombé. » Mon pied a *glissé,* etc. *Riper* veut dire *glisser tout à coup.* Je crois que c'est une onomatopée. C'est comme si l'on disait : « mon pied a fait *rip.* » *Guiler,* glisser n'est pas exactement synonyme de *riper;* il se dit plutôt d'un glissement moins brusque et plus prolongé, comme celui d'un corps gluant que l'on presse. Exemple : « Cette anguille est *guilante.* »

Les menuisiers appellent *ripes* ces raclures min-

___
(1) J'entends par syllabe sonore celle qui n'est pas formée d'un *e* muet.

ces et recroquevillées qui se forment sous le rabot quand on le fait jouer sur une planche. Il suffit d'entendre une fois le bruit que produit le rabot au moment où il glisse en mordant le bois, pour comprendre que le mot *ripe* est une véritable onomatopée.

J'ai entendu donner une autre explication du mot *riper*; il viendrait de *ripa*. Vous vous trouvez sur le bord, *ripa*, d'un ruisseau; tout à coup la terre, peu solide d'ordinaire en de pareils endroits, s'éboule, votre pied *glisse* et vous tombez.

L'explication peut être plaisante, mais pour juste c'est autre chose.

SABER. — En Angoumois et en Saintonge, les enfants qui veulent se faire un *subliet* (sifflet), coupent une jeune pousse, y font deux incisions circulaires, et l'intervalle indique quelle sera la longueur de l'instrument. Ensuite ils appuient le morceau de bois sur le gros muscle de leur cuisse (non sur un corps dur, qui fendrait ou déchirerait l'écorce), et se mettent à le frapper en cadence avec le manche de leur couteau. Ils ont soin de ne pas donner de coups trop violents et s'accompagnent de l'incantation suivante :

> *Sabe, sabe,* mon petit,
> Te baill'rai des œufs rôtis!
> *Sabe, sabe* tout à fait,
> Te baill'rai des œufs mollets!

Et ils recommencent jusqu'à ce que l'écorce se soit détachée du bois. La formule bourguignogne diffère un peu :

> *Sève, sève, sève,*
> *Sur le pont de Sève,*
> *Sévillon, Sévillon,*
> *Sur le pont de Châtillon!*
> (Ch. Nisard : *Curiosités de l'étymologie.*)

On dit aussi qu'un arbre *sabe*, quand le travail de la *sabe* (sève) permet de détacher facilement l'écorce du tronc. Dans cette première acception, *saber*, comme le remarque très justement M. Beauchet-Filleau, vient de *sabe*, sève.

Saber indique aussi l'engourdissement que produit un coup sec, un froid vif ou une forte saveur. Ainsi, on dira : « Je me suis frappé les doigts contre la porte, ils me *sabent* encore. »

> Venit l'hivar. Fazit in frét
> Que reun que d'y songé me fait *sabé* les dét.
> (Burgaud des Marets : *La Cigale et la Fourmi.*)

« Tielle eau-de-vie est forte coûme les cinq cents diabes, a me fait *saber* la langue. »

Cet exemple nous met sur la voie : *saber*, dans ce sens, vient du latin *sapere*, avoir tel ou tel goût. L'engourdissement produit par une *saveur* forte aura été assimilé à celui que nous ressentons à la suite de chocs violents ou répétés.

Saba en Languedoc a le même sens que *saber* dans la chansonnette ci-dessus, frapper une branche, un scion pour détacher l'écorce. Il y a cependant une différence : le languedocien est actif, le saintongeais est neutre.

SAIE, SAIDE, Crin. — Vient du latin *seta*, poil long et rude comme le poil du pourceau. *Seta* est employé par Cicéron pour indiquer des crins de cheval.

De *saie* on a fait *ensayer* : « *ensayer* un claveau, » attacher un hameçon avec un crin.

En Languedoc *sëdou*, lacs de crin ou nœud coulant pour prendre des oiseaux.

Séié, couvert de soies, était usité dès les temps les plus reculés de notre langue.

> La premere (eschelle) est de cels de Butentrot,
> E l'altre apres de Micenes as chefs gros;
> Sur les eschines qu'il unt en mi les dos,
> Cil sunt *seiet* ensement cume porc. Aoi.

Dans le premier corps de bataille sont les gens de Butentrot; le second a ceux de Micène aux têtes énormes; sur leurs échines, au milieu du dos, comme pourceaux ils sont *couverts de soies*. — (*Chanson de Rolland*, édit. Génin, ch. IV, v. 825.)

SAPE. — Peuplier.

> Hasta ot grossa ne *sape* ne de pin.
> (Guillaume d'Orange : *Manuscrit de Venise*.)

SARPENT. — Est du féminin chez nos campagnards. Il est également féminin dans Brunetto Latini (p. 190.)

SAU, Sel. — Féminin chez nous, masculin en Berry. *Sau* reproduit l'ancienne prononciation de *sal*, sel. Comme Génin l'a prouvé, *al* devant une consonne sonnait *au*.

> Li biaus mengiers li soit touz communal
> Bien conréez et de poivre et de *sal*.
> (*Roman de Roncevaux*, deuxième avant-dernière strophe, v. 12.)

Sau a formé (v. Jaubert) *sauner, saunier, saunerie, saunière, saumure, saumâtre,* etc., qui tous ont obtenu droit de cité, tandis que leur malheureux aïeul se morfond loin, bien loin de l'Académie, dans les campagnes de la Saintonge et du Berry.

SAUVATION. — Salut.

E tu orras lur ureisun e par tei aurunt *salvatiun* (prononcez *sauvation*). — (*Quatre Livres des Rois,* p. 263.)

SEGER, Faire la moisson, moissonner. — Vient en droite ligne du latin *secare,* couper.

> Les fiyes fasian pas coum' tieu lés mijorée :
> A *segian* la semaine o battian deux airée.

Les filles ne faisaient pas comme ça les mijaurées ;
Elles moissonnaient (pendant) la semaine ou battaient deux airées.
(Burgaud des Marels : *Le Meunier de Saint-Onge.*)

Rabelais (*Pantagruel*, liv. IV, ch. XLVI) se sert de *seyer,* et Eustache Deschamps de *soyer.*

> Au moys d'aoust qu'on *soye* les fromens.
> ....
> Si vi bergiers et bergieres aux champs,
> Qui tenoient là leurs parliers moult grans,
> Tant que Bochiers dit à Margot la broigne
> Que l'on aloit au traitié à Bouloingne,
> Et que François et Anglois feront paix.
> Elle respont : « Foi que doy Magueloingne,
> Paix n'arez jà, s'ilz ne rendent Calais. »
> (*La Satire au moyen âge*, p. 241, citation de M. Lenient.)

En Languedoc *sëga,* couper le blé, moissonner ; *sëgâdos,* action de moissonner ; *sëgâirë,* moissonneur, que l'abbé de Sauvages dérive avec raison du latin *secare,* couper.

Sègre, Suivre. — Vient de *sequi*, en vieux français *sevre*, *sievre*. On le trouve employé en Saintonge dès le XIIIe siècle.

<small>Nous lor ostreyom la davant dicte franchise perpétuaument et durablement, en tau manière que si nous, ou nos hers.... poseent terme a aulcuns estagiers de la vile fors dau cors de la vile, que nuls ne fust tenus de *segre* nul terme. — (*Charte de Guy de Lusignan en faveur de la ville de Cognac*, 1262. — *Bull.* de la Société archéologique de la Charente, IIIe série, t. III.)</small>

En Languedoc *sëgre* ou *sëghi*.

Seigle. — Se prononce avec le son mouillé à la manière italienne. Rabelais, lui aussi, le prononçait de même.

<small>Puys le grand gualot courut après, tant qu'il attrapa les derniers, et les abattoyt comme *seille*. — (Rabelais, p. 75.)</small>

Siler. — Est imitatif : crier sur un ton aigu.

On serait tenté de rapporter *siler* à *sibilare*. Mais ce dernier signifie siffler, et a du reste formé *sublier*, qui a le même sens et ne se confond jamais avec *siler*.

« I *subliait* coum' in marle. »

« I *silait* coum' in cheun qu'a-t-été ben battu. »

De même en Languedoc *sibla*, siffler ; — *sioûla*, pousser un cri aigu et perçant. En Berry la distinction n'est pas aussi tranchée. (V. Jaubert, article *Siler*.)

Rabelais emploie *sublet* pour sifflement, et nos vieux auteurs *sibler* pour siffler, et même *subler* là où nous mettons *siler*.

Puys se levant feit ung ped, ung saull et ung *sublet*, et cria à hault voix joyeusement : Vive tousjours Pantagruel ! — (Rabelais, p. 172.)

.... E pur merveille en *sublerunt* e dirrunt....
(*Quatre Livres des Rois*, p. 263)

S'MADI. — Samedi.

Sachent tuit que.... le *semadi* en la voille Seint André. — (*Saint-Père de Chartres*, 1292, p. 723.)

SOGNEUSEMENT, Soigneusement. — Comment se fait-il qu'on écrive éloigner, soigneusement, oignon, et qu'on prononce *éloagner, soagneusement, ognon*? Pourquoi cette similitude dans l'orthographe et cette différence dans la prononciation ? Nos paysans sont plus logiques et se montrent fidèles à l'ancienne prononciation (v. Génin), quand ils disent *élogner, ognon, sogneusement*.

Et si mon desir se feust accordé à ma peur, j'eusse mis peine de garder ma vie et santé plus *songneusement*. — (Marguerite de Navarre : *Nouvelles Lettres*, p. 113.)

SUNIFIER, Signifier. — Pour ne pas prononcer trois *i* de suite, nos paysans se servent de *sunifier*, comme autrefois les trouvères de *senefier*.

La sousquanie qui fu blanche
Senefioit que douce et franche.
Estoit celle qui la vestoit.
(*Roman de la Rose*. — Descript. du costume de Franchise.)

C'est pour obéir à la même règle d'euphonie que Brunetto Latini a dit *fusicien* pour *fysicien*.

Lucas evangelistes fu *fusiciens* et bons mires. — (P. 76.)

L'ancienne langue n'aimait pas la même voyelle dans deux syllabes consécutives : *fenir* au lieu de *finir*. (Littré : *Histoire de la langue française*, t. I, p. 369.)

SURGIEN, SILUGEIN, SIRUGEIN, Chirurgien. — *Surgien* est très ancien dans la langue. Les Anglais en ont fait *surgeon*. (V. Littré, article *Chirurgien*.)

> Le coup que je pris desoubs du genou fust tel que au dessus bien ung doué, la peau s'ouvrit et la chair jusques près de l'os, en sorte que les *surgiens* ne virent oncques chose plus étrange. — (Marguerite de Navarre : *Nouvelles Lettres*, p. 69.)

TALBOT. — Pour empêcher de courir au loin les bêtes indociles ou d'humeur vagabonde, on leur passe au cou une corde à laquelle est suspendu un morceau de bois assez gros et lourd qu'on appelle *talbot*. Le *talbot* se met en travers, à hauteur des jambes de devant. Quelquefois aussi on le laisse pendre entre les jambes de l'animal de manière à ce qu'il traîne sur le sol.

Je n'ai point trouvé l'étymologie de ce mot. Je crois cependant devoir le mentionner, afin d'avoir l'occasion d'expliquer un passage de l'*Histoire universelle* de d'Aubigné.

PRISE DE PONS.

> Asnières, ne pouvant faire assiéger Pons, obtint seulement de faire parer le canon et l'atelage comme pour y marcher le lendemain ; et lui poussa son régiment le soir mesme jusques à Collombiers. Là Aubigné, qui portoit sa première enseigne, obtint à penne congé pour aller (comme il disoit) faire gagner des chausses aux compagnons ; il va mugueter le fauxbourg, et jugea à un grand bruit qui estoit vers les Aires qu'il y avoit effroi ou mutinerie. Il en veint là que s'estant avancé à cafourchons sur les gardes du pont, après avoir jetté des pierres à la guérite, il voit par une fente un

homme qui portoit des hardes d'une maison en l'autre; il l'appelle, le fait cognoistre par son nom, lui dit que tous ceux du païs estoient au fauxbourg et qu'il leur falloit ouvrir pour empescher la ville d'estre pillée. Par le moien de cet homme, trois habitans, de ceux qu'ils appeloient huguenots souffrans, lui apportent les clefs; il laisse sur la porte un corporal qu'on lui avoit donné pour *talbot* et qui l'importunoit avec un autre soldat, etc. — (*Mémoires de d'Aubigné*, édit. L. Lalanne, p. 180.)

« J'ignore, ajoute l'éditeur, le sens exact de ce mot *talbot*, que je n'ai rencontré nulle part. Peut-être a-t-il la même signification que talevassier. On appelait ainsi le soldat qui portait un de ces longs boucliers (talevas) destinés à protéger, dans les siéges, les travailleurs et les archers. »

Si j'ai bien compris le récit de d'Aubigné, *talbot* est employé ici avec le sens d'*empêchement*, d'*obstacle*. En effet, le corporal qu'on lui avait donné pour talbot, qui l'*importunoit*, n'était autre qu'un surveillant qu'on lui avait imposé parce qu'on se méfiait de son étourderie. Ne dit-il pas lui-même tout d'abord *qu'il portoit sa première enseigne*, et qu'il *obtint à penne congé* pour aller attaquer Pons?

Ce mot de *talbot* ainsi employé est donc naturel dans la bouche d'un Saintongeais et fait image.

TEURJAU, TREJAU. — Par métathèse de l'*r*, nos paysans, au lieu de *toujours*, disent *teurjou* ou *teurjau*. Cette habitude ne date pas d'hier.

Sachent tous que ge veuil.... que l'abbe et le couvent de Saint Pere de Chartres.... tiennent en leur nom.... à *toursjour*. — (*Cartul. de Saint-Père de Chartres*, année 1292, p. 723.)

Car la grandeur des tribulacions n'a jamais vaincu l'esperance que nous avons en luy seul qui, comme père, a *toursjours* conduite notre affaire.— (Marguerite de Navarre : *Nouvelles Lettres*, p. 74.)

Tieusine, — pour quieusine, queusine, cuisine. — Les syllabes mouillées *tieu* et *quieu*, *tié* et *quié*, tendent constamment à se confondre dans la bouche de tous les paysans. Ainsi, ils disent *amiquié* pour *amitié* (Molière : *Le Médecin malgré lui*), et par compensation *tieur* pour *quieur* (cœur), *tieusine* pour *quieusine*.

Quesine était usité au moyen âge.

E a sa *quesine* furent ars (rôtis) chascun jor dis bues gras. — (*Quatre Livres des Rois*, p. 339.)

Timbre. — Le *timbre* est le grand bassin de pierre où l'on fait boire le bétail.

El lui bailloit-on ladicte bouillie en ung grant *tymbre* qui est encore de présent à Bourges, près du palais. — (Rabelais, p. 110.)

Timbre paraît particulier à la Saintonge ; je ne le trouve ni dans le Glossaire de M. Jaubert, ni dans celui de M. Beauchet-Filleau.

Traîne. — La *traîne* est la maîtresse-poutre à laquelle se rattachent les chevrons, comme les côtes à l'épine dorsale. Tout d'abord j'ai fait venir ce mot du latin *trabs*, poutre ; mais après avoir consulté Ducange, j'ai changé d'avis, et je serais disposé à le rattacher à la même racine que le français *traîner*.

Traina, en latin du moyen âge, désignait une grosse pièce de bois. *Traina* avait de plus le même sens que *trana*, *trava*, sorte de mesure de poids et de volume.

D'un autre côté, Ducange ajoute : « Italis *traino* dicitur quantum a duobus animalibus trahi potest. »

Les Italiens appellent *traino* la charge que peuvent traîner deux bêtes de somme.

De toutes ces indications il résulte que *traina*, *trana*, *trava* étaient synonymes de *charge*, *charretée*. Nous disons encore d'un tas de blé, de foin ou de bois, il y en a là pour une bonne *charretée*.

Comme une ou deux de ces maîtresses-poutres font la charge de deux bœufs, *traina*. on les aura appelées *traines*.

TREPER, TEURPER. — A le sens de *trépigner*, et comme lui vient du vieux français *treper*, *trepis*, trépignement. *Treper* a de plus le sens actif. — On dit « *treper* quelqu'un, » marcher sur lui, le fouler aux pieds.

Et en grande véhémence d'esprit, il le *trepoyt*, le cabossoyt. — (Rabelais, cité par M. Jaubert.)

La racine *trip*, *trap*, avec le sens du mouvement précipité des pieds, se retrouve en latin, en allemand, en anglais, dans le celtique. (V. Scheler, articles *Travail* et *Trépigner*.)

TRÔ. — « I n' li a tant s'ment pas baillé in *trô* de pain (morceau de pain). » En Languedoc *tros dë pan*, en Berry *trou* de pain. Rabelais a dit de même :

En sa dextre tenoit un gros *trou* de chou. — (Cité par Génin.)

Trô, *tros*, *trou* (morceau), viennent du latin *truncus*, ainsi que *tronc* et *trognon*.

Au XVIe siècle, au lieu de *trognon*, on disait un *tronc de chou*.

Là jettera-on les fumiers à mesure qu'on les sortira des estables pour s'y achever de pourrir : aussi les balieures de la maison, côssats, *troncs* de chou, etc. — (Oliv. de Serres, t. I, p. 20.)

Tur, Turs. — « Il est fort coume in *Tur*. » Le c ne sonne jamais, pas plus que chez nos ancêtres. Du reste, cette manière de prononcer n'est pas particulière à la Saintonge, elle est générale chez les gens du peuple et parmi nos soldats.

— Ah çà! dit un beau jour un des buveurs, que fait donc le *Turre* ? Tandis qu'il embête Mahomet avec ses patenôtres, plus longues que de Constantinople à Paris, nous nous faisons esquinter pour lui ! Voilà-t-il pas de jolis merles !... — Les *Turres*, répondit un autre buveur, laisse donc, ils ont plus de courage que nous ; on ne les occupe qu'à crever comme des chiens, et ils crèvent sans se plaindre... Tu ne serais pas f... d'en faire autant, toi qui parles. — (P. 204, 205.)

L'auteur (*Souvenirs d'un officier du 2ᵉ de zouaves*) ajoute en note : « Les soldats affectaient de prononcer *Turre* au lieu de Turc. »

Ils n'affectaient pas, ils restaient simplement fidèles à la vieille prononciation.

Uré, Eurée. — « J'ai passé à l'*uré* de votre bois (le long de votre bois). »

C'est le vieux français *orée*, encore toléré par l'Académie. En latin *ora*, bord, côté.

Veda. — Est le même que *vëdël*, bedel, usités dans le Midi et qui viennent du latin *vitellus*, veau, petit veau.

Vela, V'la, — pour voilà. — Prononciation habituelle chez les gens du peuple et chez nos paysans.

Velà, Monseigneur, toute la vérité de vos enfants. — (Marguerite de Navarre : *Nouvelles Lettres*, p. 71.)

VERS (prononcez *verse*), Vers, *carmina*. — Balzac (*Illusions perdues*) signale cette prononciation provinciale. Elle date de loin, comme le prouvent les vers suivants composés par Giles du Guez :

> A la princesse Marie
> Pour l'honneur de Marye,
> Filleule à sainte Marye,
> Vierge et mère Jhesuh Crist
> Ont ces *verse* esté escripts.
>   (Introduction à la Gram. de Giles Du Guez.)

VEURMINE, VREMINE, Vermine (Acad.), s. f. — Il se dit de toute sorte d'insectes malpropres, nuisibles et incommodes, comme sont les poux, les puces, les punaises, etc.

Chez nos paysans, le mot *veurmine* est plus fidèle à son origine *vermis*, ver. Il désigne surtout les vers et, par extension, les autres bêtes rampantes, les serpents. On dit également *in veurmin, ine veurmine*.

Dans le vieux français, *vermine* avait le même sens que chez nos campagnards.

Car partout on croid la pluie estre prochaine, quand les canars et cannes privées se plongent et lavent extraordinairement dans l'eau : quand le sel devient humide : quand les murailles dans la maison suent : quand la *vermine* sort de terre, en la rejettant en haut par des trous. — (Oliv. de Serres, t. 1, p. 47.)

VISANT, Plant de vigne (*complant*, comme dit Olivier de Serres). — La première syllabe de ce mot n'est autre que celle du latin *vitis*, vigne. Quant à la terminaison *ant*, je ne sais à quoi la rattacher.

VISAUBE. — Est une contraction pour *vitis alba*, vigne blanche, terme de botanique. C'est une plante qui se trouve souvent dans les buissons. Les branches, le long desquelles on voit des touffes blanches et cotonneuses, sont extrêmement longues et souples. On s'en sert pour tresser des paniers.

VOIRAI (je). — Je verrai.

Vous *voirez*, Monseigneur, par ce que Madame mande, deux choses qui vous doivent fort consoler : l'une sa bonne santé, comme vous *voirez* que chascun escript ; et l'autre, l'espoir qu'elle a à vostre deslivrance. — (Marguerite de Navarre : *Nouv. Lettres*, p. 49.)

VOUENES. — Pour veines, en changeant le son grêle *eï* en *oué* (son plein), mutation très fréquente autrefois. Voici un exemple analogue, *vouerres* pour *verres* :

Que les chatons et les espingles soient percées du *vouerre* de Montpellier. — (*Livres des Mestiers* d'Est. Boileau, p. 187.)

Il nous brisoit nos pos et nos *vouerres*. — (Joinville, édit. Fr. Michel, p. 182.)

DEUXIÈME PARTIE

CURIOSITÉS GRAMMATICALES

PRONOM NEUTRE OU ABSTRAIT
ou, o, z-ou, o-l, 'l.

Ce pronom neutre ou abstrait s'emploie à peu près comme le français *ça, cela;* en un mot, toutes les fois que le pronom, sujet ou régime du verbe, ne désigne ni un être ni un objet déterminé.

Ça n'est pas bon,	*O* n'est pas bon.
Il fait froid,	*O* fait fret.
Je ne le ferai pas,	N'*ou* f'rai pas.
	ou bien J'*ou* f'rai pas.

Nos paysans ne s'y trompent jamais.

Ce pronom est usité dans le Berry, en Poitou et en Saintonge. M. Jaubert fait remarquer qu'on ne l'emploie pas dans tout le Berry, mais seulement dans le Sud-Ouest, c'est-à-dire dans la partie la plus rapprochée du Poitou et de la Saintonge. D'après les exemples qu'il cite, on voit facilement que l'emploi n'en est pas aussi bien réglé que chez nous.

Sujet.

Õ, ou, i s'emploient comme sujets.

Ŏ devant une consonne.
Exemple :

  ŏ n'est pas vrai, Ça n'est pas vrai.

Ŏ-l devant une voyelle.
Exemple :

  ŏ-l est b' vrai, C'est bien vrai.

Souvent, dans la vitesse de la prononciation, on se sert de 'l (1) pour ŏ-l.
Exemple :

  'L est b' vrai, C'est bien vrai.

Régime.

Ou, z-ou s'emploient comme régimes.
Exemple :

  J'ou f'rai pas, Je ne le ferai pas.

Par euphonie, on intercale toujours *z* avant *ou* quand le mot précédent se termine par une voyelle qui ne s'élide pas, ou quand ce pronom est le premier mot de la phrase, comme dans les phrases interrogatives.

---

(1) Au moyen âge on pratiquait une élision analogue sur le pronom *il*.

  Cler en riant 'l ad dit a Guenelun.
  (*Chanson de Rolland*, édit. Génin, ch. 1, v. 618.)

  Apres i vint un paien Climorius ;
  Cler en riant à Guenelun 'l ad dit.
  (*Ibid.*, v. 627.)

Exemple :

Tu z-ou f'ras,	Tu le feras.
I z-ou f'ra,	Il le fera.
Vou z-ou f'rez,	Vous le ferez.
I z-ou f'ront,	Ils le feront.
Z-ou f'ras-tu?	Le feras-tu?
Mange z-ou,	Mange-le.
Di m' z-ou,	Dis-le-moi.

On peut aussi mettre le *z* euphonique après *ou* quand le mot suivant commence par une voyelle.
Exemple :

J'ou-z ai vu,	Je l'ai vu.
J'ou-z ai fait,	Je l'ai fait (1).

Interrogatif.

Quand le pronom neutre est interrogatif et sujet, on lui donne, quoique sujet, la forme *ou*. Par euphonie et pour ne pas le confondre avec le régime, il est toujours précédé de *t*.
Exemple :

Fau-t-ou?	Faut-il?
Faudra-t-ou?	Faudra-t-il?
Neige-t-ou?	Neige-t-il?

C'est la même règle qu'en français pour *il, elle* après un verbe.

---

(1) *Ou, z-ou* ne sont jamais employés que comme régimes directs.
On dira « *z-ou* as-tu mangé (l'as-tu mangé?) » Mais pour rendre cette phrase : « as-tu mangé *de ça?* » on dira, non pas « as-tu mangé de *z-ou ?* » mais « as-tu mangé de *tieu?* »

Grâce à ce procédé, certaines interrogations sont plus courtes et plus lestes que les interrogations françaises correspondantes.

Exemple :

Ça va-t-il bien ?   Va-t-ou beun ?

Retranchez ça et dites « va-t-il bien ? » et vous aurez un sens tout différent, tandis que notre patois en moins de mots dit la même chose.

Histoire et étymologie.

D'où vient ce pronom abstrait *ou, o ?* Du latin *hoc,* probablement. On le trouve quelquefois employé au moyen âge.

> Faites *o* tost, que ja venra l'espos.
> (*Vierges sages et vierges folles,* édit. Fr. Michel.)

Nos paysans diraient « faites *z-ou* tôt. »
Les latins auraient dit « facite *hoc.* »
L'expression *ou étant,* cela étant, est encore aujourd'hui usitée en Picardie. — (Littré : *Histoire de la langue française,* t. I, p. 157.)

M. Littré (*Id.,* t. II., p. 455), après avoir cité quelques exemples pris dans nos vieux auteurs français, ajoute : « Ces exemples prouvent que la vieille langue ne s'était pas complétement dégagée de l'idée d'un neutre, *au moins pour certains pronoms.* »

Il est à regretter que la langue française n'ait pas su s'approprier ce pronom neutre, qui est d'un emploi si sûr et si facile.

On peut rapprocher de notre pronom *ou* les exemples suivants cités par M. Burguy (t. i, p. 135) :

> Dist Pilates delivrement :
> « Allez le penre (le cors de Jhesu) isnelement.
> — Sire, unes granz genz et forz sunt
> Bien sai, penre *nou* (ne le) me leirunt. »
> (*Roman du Saint Graal*, v. 467.)

> Le loial jugement del regne
> En feroie sans demouranche ;
> *Nou* lairoie pour toute Franche.
> (*Roman des sept sages*, v. 4203.)

Et ce passage que j'extrais du *Roman de Beauvais* :

> *Nou* laira pur nul homme, ce dit bien et afie ;
> Mais puis an ot grant poigne, si com l'estore crie.
> (*Explicit li Roumans de Biauvais*.)

Et les expressions *por o*, *por oc*, que l'on remarque dans la *Cantilène de sainte Eulalie*.

Pour les exemples qu'il cite, M. Burguy donne une explication fort juste : *nou* (ne le), *sou* (si le), *quou* (qui le), sont le résultat d'une contraction.

On peut en dire autant de *nou* dans « *nou* laira pur nul homme... » Mais cette explication cesse d'être bonne si on l'applique à ces expressions *por o, por oc, faites-o tost*. Il est évident que *o* n'est pas ici le résultat d'une contraction, qu'il est purement neutre et tient la place du latin *hoc*, comme notre *ou*, *z-ou* saintongeais.

Autres exemples tirés de documents saintongeais et poitevins.

O, o-l sujet.

Si *aul* (o-l) i a juge joice ne bataille il lamenera a garder au chalea de Munfaucon. — (*Charte de* 1199, tirée des archives de la Loire-Inférieure et publiée par M. de La Borderie.)

Et si *o* avient que la fame ayet her de son senhor (prononcez et si *ol* avient).... — (*Coutumes de Charroux*, 1247, publiées par M. de La Fontenelle.— Antiq. de l'Ouest, année 1842, p. 451.)

Ou régime direct.

Et je crois bien que vous ayez bone volenté d'*ou* faire. — (*Lettre du chapelain Philippe à Alph. de Poitiers, frère de Louis IX. — Bibliothèque de l'École des Chartes*, A, t. I, p. 394.)

Et si il *ou* font, il devent metre a la chenau qui la dite aigue portera.... autant cum li diz Johan Ferrers i metra. — (*Charte rochelaise*, 1231. — *Bibliothèque de l'École des Chartes*, année 1858, p. 146.)

J'ai dit qu'on retrouvait notre pronom neutre *ou* dans l'expression picarde *ou étant;* on le retrouve encore, selon moi, dans l'expression *nou fé*, « espèce de négation vive pour je ne le veux pas faire ! Se dit à Saint-Amand. » — (*Glossaire* Jaubert.)

M. Jaubert écrit *nou fé* et traduit *notre foi*. Je crois plutôt que *nou fé* est tout simplement pour *n'ou fais (pas)*, je ne le fais pas, et doit s'écrire *n'ou fais*.

PRONOMS PERSONNELS.

Les pronoms personnels sont :

Singulier.

	Avant le verbe.	Après le verbe.	Régime.
1re personne.	*Je,*	*ji,*	*me, moi* (moué).
2e personne.	*Tu,*	*tu,*	*te, toi* (toué).
3e personne.	*I, a,* / *I-l, a-l.*	*i, elle,*	*le, li, elle, la.*

Je m' marierai.　　　　M' marierai-ji ?
Tu t' marieras.　　　　T' marieras-tu ?
I *ou* a s' marieront.　　S' mariera-t-i ?
　　　　　　　　　　　S' mariera-t-elle ?

Pluriel.

	Avant le verbe.	Après le verbe.	Régime.
1re personne.	*Je,*	*ji,*	*nous.*
2e personne.	*Vous,*	*vous,*	*vous.*
3e personne.	*I, a,*	*i, elle,*	*les, eux, zeux, elle.*
	I-l, a-l,		*leux.*

J' nous marierons.   Nous marierons-ji?
Vous vous marierez. Vous marierez-vous?
I *ou* a s' mariera.   S' marieront-i?
                     S' marieront-elle?

Remarques. — 1° *I, a* s'emploient, tant au singulier qu'au pluriel, devant les mots qui commencent par une consonne. Quand le mot qui suit commence par une voyelle, on fait sonner l'*l*.
Exemple :

I-l *ou* a-l aimait.
I-l *ou* a-l aimiant.

2° *Nous* n'est jamais sujet, même dans les phrases interrogatives.

3° *Ji,* pronom interrogatif de la première personne, a ce grand avantage de ne pas obliger celui qui interroge à employer la circonlocution est-ce que. Ainsi, en français on n'osera pas dire « sors-je? aime-je? » Dans le premier cas on dira « *est-ce que je sors?* » dans le second, « *aimé-je?* » Tandis que nos paysans diront, sans qu'il en résulte le moindre embarras ou la moindre cacophonie, « *sors-ji? aime-ji?* »

La forme *aimé-je* a l'inconvénient de faire hésiter un instant l'auditeur sur le sens qu'il doit lui attribuer. Est-ce *aimé-je* ou *aimai-je* qu'il doit comprendre? Il n'en sait rien tout d'abord.

Chez nous rien de pareil.

Histoire.

1º *Ji* est un reste de l'ancien français, car *gie* était autrefois une des formes du pronom sujet de la première personne. Il appartenait, dit M. Burguy, plus spécialement à une partie de l'Ile-de-France, à la Bourgogne, à la Lorraine et au Poitou.

2º *I* devant une consonne et non *il*.

Génin a prouvé, d'après le témoignage de Théodore de Bèze, que *l* de *il* ne sonnait pas devant un mot commençant par une consonne.

3º *Il* et non *ils* au pluriel est encore un souvenir de l'ancienne langue. (V. plus loin la citation de Génin.)

4º *Al* pour *elle*, seulement devant le verbe. *Ale* a été usité concurremment avec *ele*. — (Burguy, t. I.)

Nos paysans ont pour habitude invariable de dire *elle* et non *al* quand le pronom féminin sujet se trouve après le verbe : « vindra-t-*elle*? » et non « vindra-t-*ale*? »

5º *Me* se met fort souvent là où le français veut *moi*, et il s'élide si le mot suivant commence par une voyelle : « fiche *me* le camp, » etc.; « fais *m*'avancer tielle charrette. »

C'est encore un reste des anciennes habitudes.

Fai *m*'une forche sor celte tertre lever.
(Raoul de Cambrai, p. 310.)

Il li respont : « Laissez *m*'en pais. »
(*Légende du pape Grégoire le Grand*, p. 76.)

QUE CETTE LOCUTION *je sommes* N'EST NULLEMENT UN BARBARISME.

On a signalé cette bizarrerie du pronom *je* toujours employé, chez presque tous les paysans de France, pour la première personne du pluriel. Toutefois il y a des différences. Ainsi, les Berrichons disent *j'avons*, comme nous ; mais s'ils interrogent, ils diront *avons-nous*, au lieu de dire *avons-ji*. Du reste, je ne puis mieux faire que de citer à ce sujet M. Jaubert lui-même et Génin :

« *Je*, pronom de la première personne, employé seulement au singulier dans le français, remplace dans notre idiome le pronom *nous* dans tous les cas où ce dernier se place comme sujet devant le pluriel du verbe : *j'avons*, etc.; mais après le verbe, c'est le pronom *nous* que l'on emploie toujours : *avons-nous*, etc. »

> Ce n'est point à la femme à parler, et *je sommes*
> Pour céder le dessus en toute chose aux hommes.
> (Molière : *Les Femmes savantes*.)

Bélise réprimande Martine :

> Ton esprit, je l'avoue, est bien matériel !
> *Je* n'est qu'un singulier, *avons* est un pluriel.
> Veux-tu toute ta vie offenser la grammaire ?

Martine ne peut que s'excuser :

> Mon Dieu, je *n'avons* pas étugué comme vous,
> Et je *parlons* tout dret comme on parle cheux nous.
> (Molière : *Les Femmes savantes*.)

Mais si elle avait *étugué,* elle aurait pu invoquer des autorités. On lit, en effet, dans Henri Estienne : « Ce sont les mieux parlants qui prononcent ainsi : *j'allons, je venons, je soupons.* » — Ce langage était celui de la cour de François Ier.

J'avons espérance qu'y fera beau temps, veu ce que disent les estoiles que *j'avons* eu le loysir de veoir. — (*Lettres de la reine de Navarre.*)

Jusqu'à présent on n'a vu dans cette locution qu'un pur barbarisme. Génin lui-même, avec tout son savoir et malgré son admirable instinct du langage populaire, a dû passer condamnation et adopter les conclusions de Henri Estienne, qui traite ceux qui disaient *je sommes, j'étions,* de gens « lourdement barbarisants. »

M. Feugère (*Essai sur H. Estienne,* cxvi) dit, à ce propos, « qu'aucune *faute grossière* dans le langage n'est nouvelle ni dépourvue d'autorités. » J'en demande pardon à M. Feugère, mais ce n'est point ici le cas. D'ailleurs, il ne faut jamais, par cela seul qu'elle choque nos habitudes, repousser comme barbare une locution usitée seulement chez les gens du peuple. Il faut chercher à l'expliquer, et se dire au contraire qu'il n'y a « nulle faute dans le langage, même celle qui nous paraît la plus grossière, » qui n'ait sa raison d'être, tout aussi bien que la plus pure locution académique (1).

---

(1) Au point de vue philosophique, on peut dire que l'emploi de *je* pour *nous* indique chez celui qui parle une singulière persistance de la personnalité. Ne peut-on pas voir dans ce fait grammatical, particulier à la France, comme un reflet de notre brillant défaut

Je sommes, *j'*étions n'est pas plus un barbarisme que il *se* bat, ils *se* battent. Qu'on veuille bien suivre avec attention la courte explication que je vais don-

---

national, la vanité, le besoin d'attirer l'attention, de se mettre en avant?

Il ne faut pas cependant aborder ces simples questions avec des idées par trop philosophiques. C'est un écueil que n'a pas su éviter l'auteur d'un estimable *Essai sur la langue françoise,* duquel j'extrais le passage suivant que je donne comme un spécimen de ce genre d'erreur :

« C'est surtout au langage des enfants du peuple que le grammairien devroit s'attacher, comme à une source pure de vérités grammaticales. Là, tout est exempt de système, tout est dans la simple nature. Le penchant de l'enfant à généraliser, joint à son admirable ingénuité, révèle souvent de grands secrets dans les langues En effet, ces expressions populaires *j'étions, j'avions,* etc., avoient été pour nous l'objet de recherches aussi fréquentes qu'infructueuses. Nous ne pouvions découvrir la source d'une faute, que pourtant tout le peuple a admise. Si cette faute n'eût été que partielle, attachée à telle ou telle province, nous l'eussions négligée, comme un fait isolé qu'on explique rarement ; mais comme elle étoit générale, elle n'étoit plus à dédaigner. Cette généralité nous sembloit tout à fait remarquable ; elle étoit pour nous un fait oublié, méprisé peut-être, mais qui devait renfermer une vérité méconnue. Enfin un enfant nous mit sur la voie. Il s'agissait d'une dispute toute récente dont il nous donnoit les détails. Les autres enfants debout écoutoient le petit orateur. Pendant son récit très-animé, ses gestes surtout excitèrent notre attention. Bientôt nous remarquâmes que toutes ces expressions *j'étions, j'avions,* etc., étoient traduites par l'enfant en deux gestes aussi remarquables que distincts. Le premier geste traduisoit le *je,* signe positif de l'individu qu'il désignoit parfaitement, de l'individu qui racontoit au nom de tous. Aussi ce geste si expressif, si direct, nous rappela-t-il ce vers de Racine, où Oreste dit à Pyrrhus :

Avant que tous les Grecs vous parlent par ma voix.

« Le second geste, plus grand, plus large, plus développé que le premier, traduisoit le *étions,* signe réel d'une société présente qu'il désignoit évidemment, d'une société qui agissoit d'un commun efner, et l'on ne sera pas tenté de voir dans cette assertion le zèle un peu excessif d'une personne infatuée de sa trouvaille.

Dans *je disais*, *je* annonce la première personne, la terminaison *ais* indique le singulier.

Dans *je disions*, *je* annonce la première personne, la terminaison *ons* indique le pluriel.

Il ne saurait donc y avoir amphibologie, et l'on a

---

fort, par celui qu'elle s'étoit choisi pour chef. Aussi trouvâmes-nous une énergie rare dans ces expressions, qui offrent d'un seul trait l'union intime, indissoluble de la société et de l'individu, surtout de l'individu qui agit au nom de toute la société, et qui pourroit disposer de la force de cette société, comme il dispose de ses formes du langage, qu'elle lui confie, quand il parle en son nom. Car il faut remarquer que *j'étions*, *j'avions* ne sont pas des expressions uniques, exclusives, on dit aussi dans le peuple *j'étois*, *j'avois*, etc., et ces expressions différentes ne s'emploient pas l'une pour l'autre : elles sont toujours en harmonie avec la pensée qui domine; en un mot, l'emploi de *j'étions*, *j'avions*, etc., n'est pas arbitraire ! Rarement l'homme du peuple s'isole ; il met en pratique ce passage de l'Écriture : *Il n'est pas bon que l'homme soit seul.* Quand il agit, il croit toujours prendre part à une action générale ; et cette idée fixe de l'individualité jointe à la généralité, d'une manière indissoluble, est exactement traduite par ces formes populaires tant ridiculisées et dont l'énergie et la précision ne se remplacent jamais. Le savant qui, dans l'intérieur de son cabinet, se dit « *je travaille*, » nous peint son isolement, la constance de ses efforts et l'unité de sa force. (Et quand il dit : « je ne travaille plus? ») Mais le pauvre mercenaire qui, au fond d'une carrière ou d'une mine, dit « *j' travaillons*, » nous raconte en un seul mot sa propre histoire et celle de la foule infortunée, qui, comme lui, gagne son pain à la sueur de son front. » — (Pages 199, 200, 201. *Essais sur la langue françoise*, par Braconnier, professeur de grammaire. Paris, 1835.)

Vague et un peu bien solennel.

Confusion perpétuelle de *j'avais*, *j'avions*. Le peuple dit *j'étais* au singulier, et *j'avions* pour *nous avions* au pluriel ; voilà tout.

Il est inutile de faire figurer pour l'explication de ce fait grammatical le cabinet du savant et la mine où pioche l'ouvrier.

cet avantage de n'avoir pas recours à un nouveau mot pour marquer la première personne du pluriel. Même observation pour la troisième personne.

Il ou *al* aimait.

Il ou *al* aimiant.

Il, *al* marquent la troisième personne, *ait* le singulier, *iant* le pluriel. De là il résulte que chez nos paysans les pronoms *je* et *il* sont destinés à marquer la personne sans acception de nombre. Ce qui n'est pas plus extraordinaire que de marquer l'action réfléchie par le pronom *se*, sans tenir compte du singulier ni du pluriel.

Il en était de même autrefois (je parle du pronom *il*), comme le prouve l'observation de Th. de Bèze, traduite et reproduite par Génin. « *Ile zont*, comme on le prononce aujourd'hui, est tout à fait moderne : tous les textes donnent *il ont*, et Théodore de Bèze, à la fin du XVI⁰ siècle, en fait encore une règle expresse.—L's ne sonne *jamais* dans le pronom pluriel *ils*; que le mot suivant commence par une voyelle ou par une consonne, il n'importe. *Ils ont dit, ils disent*; prononcez *il on dit, y disent*. »— (Génin : *Variations du langage*, p. 82.)

Remarquez bien ceci « tous les textes donnent *il ont*, » *il* sans *s* pour marquer la troisième personne du pluriel. C'est là une preuve bien certaine que, ni pour l'œil, ni pour l'oreille, le pronom de la troisième personne ne prenait le signe du pluriel, absolument comme chez nos paysans.

Il est donc bien établi que dans l'ancienne langue française, comme dans la langue populaire d'aujourd'hui, le pronom de la troisième personne *il*, *al* sert uniquement à marquer la personne, le cas sujet et le genre, et jamais le nombre.

Peut-on expliquer ce phénomène grammatical autrement que je l'ai fait? Je ne le crois pas. Quoi qu'il en soit, le fait existe, et dès lors nos Saintongeais ne sont pas plus barbares en disant *j'étions* qu'en disant *il étiant,* à l'exemple de nos ancêtres, qui prononçaient *il étaient.* Il y a complète analogie entre le pronom de la première et celui de la troisième personne.

Mais pourquoi, dira-t-on, n'en est-il pas de même pour le pronom de la seconde personne?

Pourquoi ne pas dire, suivant la même analogie, *tu aimais, tu aimiez; tu* marquant la personne, la terminaison *ais* marquant le singulier, *iez* le pluriel?

Pourquoi? Je l'ignore. Mais que fait cette objection? Détruit-elle la valeur du témoignage de Th. de Bèze? Empêche-t-elle qu'il n'y ait parfaite analogie entre le *il étaient* du vieux français et le *il étiant* de chez nous? Empêche-t-elle cette analogie de s'étendre jusqu'à l'autre expression *je sommes?* Et puis, si le pronom pluriel *vous* a été admis par l'usage à figurer au singulier concurremment avec le pronom *tu,* il n'est nullement extraordinaire qu'on l'ait laissé de tout temps au pluriel, où il a plutôt droit de cité.

EMPLOI REMARQUABLE DE L'ARTICLE A LA PLACE DU FRANÇAIS *celui, celle, ceux, celles.*

Nos paysans emploient souvent l'article, à la manière des Grecs, là où nous mettons aujourd'hui *celui, celle*, etc. Tournure commode dont nos aïeux se servaient et que nous aurions dû conserver.

Ainsi, une servante dira : « j'ai apporté les fleurs de madame et *les* de M. le curé. » Un Grec aurait dit : τὰ τῆς ἐμῆς δεσποίνης ἄνθη καὶ τὰ τοῦ ἱερέως.

Le vieux français présente de nombreux exemples analogues.

Nus corroiers ne puet vendre ses corroies ne *les* autrui, hors de la vile de Paris, à mains de xx liues de Paris. (*Livre des Mestiers* d'Est. Boileau, p. 237.)

Et puet avoir chascuns borjois four en sa maison pour cuire son pain et *l'*autrui. — (*Charte de Maranwez*, 1249. — *Revue historique des Ardennes*, par Ed. Sénemaud, 1864, 1ᵉʳ volume, p. 280.)

Voici les observations que fait M. Burguy sur cet emploi de l'article (t. i, p. 57) :

« L'article dérivant du pronom démonstratif, on ne s'étonnera pas d'en voir la *forme* employée où plus tard nous avons décidé que le pronom démonstratif doit seul trouver place. Je dis la *forme*, parce qu'il faut faire une différence entre *li, la* article et *li, la* tenant lieu de notre pronom démonstratif. *Li, la* démonstratif devait avoir un accent, comme le pronom démonstratif espagnol *el, la, lo*, qui se décline de la même façon que l'article, mais dont il se distingue par l'accent. »

De quel accent veut parler M. Burguy ? A-t-il oublié que les monosyllabes en français ne peuvent avoir qu'un accent, le même pour tous ? Peut-être veut-il dire que *li, la* démonstratif avait la voyelle plus longue ou plus brève que *li, la* article. Alors il s'agirait d'une différence de quantité et non d'une différence d'accent.

Quel que soit le sens exact des paroles de M. Burguy, je ne puis comprendre la nécessité d'une différence d'accent ou de quantité entre *li, la* démonstratif et *li, la* article, pas plus que je ne comprends la distinction qu'il établit en disant que le démonstratif *li, la* n'est que la *forme* de l'article. Que l'article français venant du pronom démonstratif latin se soit ressenti de son origine et se soit confondu parfois avec les vrais démonstratifs, on ne saurait le nier ; mais ne voir dans *li, la,* employé comme nous l'avons vu dans les exemples ci-dessus, que la *forme* de l'article et non l'article lui-même, c'est forcer un peu trop les conséquences d'un principe juste.

Admettons cependant que cette distinction soit fondée, pourra-t-on l'appliquer au grec, qui employait la même tournure ? Non ; car dans les expressions grecques équivalentes l'article est toujours article et nullement pronom démonstratif.

N'est-il donc pas plus simple d'adopter la même explication pour le grec et pour le français, et de dire que, dans ce cas, — et dans l'une et l'autre langue, — l'article est un véritable article pour la forme et pour le fond, et que le nom qu'il représente est sous-entendu ?

Je sais qu'on peut objecter que le français actuel a conservé la *forme* de l'article pour suppléer *lui, elle, eux* dans les phrases comme celles-ci : « je *le* vois, je *la* vois, je *les* vois, » et que dès lors il semble naturel d'expliquer de la même manière *li, la* mis à la place de *celui, celle*.

A cela je répondrai qu'entre deux explications du même fait grammatical, il faut toujours donner la préférence à la plus simple, parce que ceux qui ont fait les langues, c'est-à-dire les gens du peuple, ont toujours suivi la route la plus courte et choisi les procédés les plus faciles.

DE QUELQUES FAUTES DE LANGAGE OU FIGURE LE PRONOM RELATIF.

1° *Qu'il dit.*

Que de fois n'avons-nous pas entendu les conteurs populaires intercaler dans leur récit cette locution *qu'il dit* pour *dit-il!*

Eh bien! cette incorrection nous la trouvons sous la plume de la femme la plus lettrée de son temps, de Marguerite de Navarre, sœur de François Ier.

Ne rions donc pas trop de cette faute de langage que son antiquité rend respectable.

> Oyez, *qu'il dit*, ô invincible haultesse.
> (*Le Miroir de l'âme pécheresse*, p. 68.)

2° *Dont au quel.*

Encore une locution bizarre usitée chez les paysans et les gens du peuple. Ainsi, ils diront: « c'est un homme *dont au quel*, etc. »

Jamais je ne m'étais demandé pourquoi ce singulier abus du pronom relatif, lorsqu'en lisant la très intéressante publication de M. Ed. Sénemaud (*Revue historique des Ardennes*), je fus étonné de retrouver la même expression sous la plume de M. de La Grange, commandant de place à Rocroy en 1729.

Voici le passage :

.... Ce fut en comblant la tranchée que les bourgeois gagnèrent un drapeau que ceux d'à présent gardent très-soigneusement et *dont sous lequel,* Monseigneur, Votre Grandeur sçaura que j'ay marché dimanche 16, à la teste de toutte notre bourgeoisie qui estoit rangée en bataille sur la place dès les quatre heures après midy. — (*Fête à Rocroy,* 1729. — *Revue histor. des Ardennes,* par Ed. Sénemaud, 1864, 1ʳᵉ livraison.)

Le commandant, « plus habitué à manier le sabre que la plume, » comme dit M. Ed. Sénemaud, a fait là une faute assez commune chez les gens du peuple.

Cependant cette locution *dont sous lequel,* toute incohérente qu'elle paraisse, peut s'expliquer.

Suivons seulement la pensée de l'auteur de la lettre : « Les bourgeois, dit-il, ont pris un drapeau *dont* (Votre Grandeur sçaura ceci que ce drapeau est celui) *sous lequel,* Monseigneur, j'ay marché dimanche, etc. » Cette phrase ainsi rétablie est correcte ; mais elle est tellement lourde que, somme toute, j'aime encore mieux la tournure elliptique adoptée par le commandant, malgré son étrangeté.

3° QUE *relatif et* QUE *conjonction dépendant du même verbe.*

J'ai entendu, rarement il est vrai, des gens du peuple se servir de locutions semblables à celle-ci : « j'ai rencontré mon ami *qu'*on m'avait dit *qu'*il était malade. »

Je ne veux pas défendre cette manière de parler, mais on peut sinon la justifier, au moins l'excuser et l'expliquer en la rapprochant des exemples analogues que nous offre le vieux français, et que nous offre aussi le grec.

<small>Il ordenèrent lor bataille et s'en alèrent tout droit vers les Tartarins, *que* on disoit *que* il estoient vers sajete.
(*Lettres de J. Pierre Sarrasin*, édit. Fr. Michel, p. 311.)</small>

Dans ce passage, le premier *que* est régime direct de *disoit*, et le second est conjonction, exactement comme en grec.

<small>Οἶδα ταῦτα καὶ σὲ ὅτι πυλωρεῖς, etc.
(Lucien : *Dialogue des morts*.)
Littéralement : « Et je sais *toi que* tu es portier. »</small>

C'est encore le grec qui nous aidera à déchiffrer grammaticalement la locution populaire *qu'il dit*, dont j'ai parlé plus haut. Quand un homme du peuple répète ses propres paroles ou celles d'un autre, il se sert invariablement de la conjonction *que* pour son entrée en matière : « mon ami, *que* je lui dis ; mon colonel, *qu'il dit*.... »

Or, sans qu'il s'en doute, celui qui emploie cette tournure parle comme autrefois Xénophon ou Platon eux-mêmes. La seule différence, c'est que le grec, moins vif en cela que le français, mettait toujours la conjonction ὅτι *(que)* avant les paroles qu'elle était destinée à annoncer.

Du reste, je ne puis mieux faire que de citer ce que dit Burnouf de cette particularité de la langue grecque. On verra du même coup en quoi se ressemblent, en quoi diffèrent les deux langues sur ce point-là.

(P. 298.) « 6. ὅτι, que. Nous avons vu le principal emploi de ce mot. On s'en sert aussi en rapportant les propres paroles de quelqu'un. Par exemple, au lieu de dire, comme en français : λέγεις ὅτι πλούσιος εἶ, vous dites que vous êtes riche; on s'exprime ainsi : λέγεις ὅτι πλούσιος εἰμι, vous dites « je suis riche » (vous dites ceci qui est : je suis riche).

« Ἀπεκρίνατο ὅτι οὐκ ἂν δεξαίμην, il répondit « je ne recevrais pas; » pour ὅτι οὐκ ἂν δέξαιτο, *qu'il ne recevrait pas.* »

Un homme du peuple traduirait cette dernière phrase très bien et tout à fait selon l'analogie, en disant : « je ne recevrais pas, *qu'il* dit. »

Cette locution, si heureusement « renouvelée des Grecs, » n'offre donc rien d'extraordinaire, rien d'antigrammatical. Ce n'est qu'un exemple de plus à joindre à ceux qu'Henri Estienne a réunis dans son traité sur les ressemblances du grec et du français.

PLÉONASMES.

1° *Plus pire.*

« Le peuple, qui n'a guère souci des règles littéraires, parle volontiers par pléonasmes; il accumule les expressions synonymes pour rendre sa pensée plus claire ou plus énergique, comme le prouvent ces locutions : *monter en haut, descendre en bas, tomber par terre,* et cent autres. » — (*Bibliothèque de l'École des Chartes,* 1851, p. 132.)

L'explication que donne M. Schweighaeuser de l'habitude qu'ont les gens du peuple de parler par pléonasmes est très juste en général. A la rigueur, elle pourrait suffire pour rendre compte du pléonasme qui nous occupe *(plus pire)*. Mais je crois que ce qui a donné naissance à cette locution et à une autre semblable *(plus meilleur)*, c'est qu'on a cessé de voir dans ces mots *pire*, *meilleur*, de véritables comparatifs. Et dès lors on s'est cru obligé de les accompagner du signe de la comparaison, qui est *plus*.

Le fait que je signale s'est produit de bonne heure, et non pas seulement parmi les gens du peuple. Dès le XIIIe siècle, nous trouvons chez les meilleurs auteurs des expressions comme celles-ci : *très-mieudre, très-meillor.* (Brunetto Latini, p. 340, 343.) Cependant il ne faut rien exagérer, Brunetto Latini n'oubliait pas que *mieudre* et *meillor* sont des comparatifs; s'il les accompagnait du signe du superlatif, c'était pour leur donner plus de force. Dans ces exemples, *très* est synonyme de *beaucoup*. C'est comme s'il y avait *beaucoup meilleur, bien meilleur*, en latin *longè* ou *multò melior*. Le vrai tort de Brunetto Latini est d'avoir accouplé avec un comparatif le signe exclusivement réservé au superlatif, et d'avoir ainsi favorisé indirectement la tendance qu'avaient les gens du peuple à ne voir dans *pire* et dans *meilleur* que de simples adjectifs.

2° *Sti dit-il, qu'il dissit sti, etc.*

La pigeoune pieurit : « Ah ! stelle (dit-elle),
Tiellès houme sont bein ingrat ! »
(Burgaud des Marets : *Le Pigeon et la Pigeoune.*)

Sti, stelle me semble être une syncope pour *ce dit-il, ce dit-elle, c'dit-i, c'dit-elle, c'ti, c'telle, sti, stelle.*

Ço dist-il, ço dist li reis, etc., se trouvent très souvent dans nos vieux auteurs.

Quant à la manie qu'ont les conteurs rustiques de dire *sti dit-il, qu'il dissit sti*, et même *stiditi qu'il dit*, on ne peut l'expliquer que par ce goût inné pour le pléonasme que l'on remarque chez eux, et que M. Schweighaeuser définit « un besoin exagéré de clarté. »

FIN.

www.ingramcontent.com/pod-product-compliance
Lightning Source LLC
Chambersburg PA
CBHW060158100426
42744CB00007B/1080